한국사傳

한국사 傳

역사를 뒤흔든 「개인」들의 드라마 같은 이야기

KBS 한국사傳 제작팀

한겨레출판

서문

역사를 뒤흔든 '개인'들의 리얼 드라마

도대체 사람 이야기는 왜 재미있을까?

사람의 이야기에 무슨 큰 의미가 있기에 모든 드라마와 연극, 영화는 그 사람들이 주고받는 대사만으로도 작품을 메워나갈 수 있는 것일까? 세상에는 대사 없이 살아가는 동물은 얼마나 많으며, 주고받는 대사 없이 벌어지는 현상은 얼마나 많은가? 주고받는 대사도 없이 쓰나미는 일어나 사람을 죽이고, 대사도 없이 꽃들은 자란다. 그럼에도 왜 우리는 지독히도 사람들의 대사에만 집중하는 것일까? 그건 아마도 다른 사람들의 삶과 생각과 대응방식을 보면서, 그 속에서 자신에게 유익한 무언가를 무의식중에 찾고 있는 것일지도 모른다. 실제 일어나지도 않은 허구의 드라마를 보면서 그 허구 속에서 인간의 진실을 찾아나가고 있는 것이다. 드라마는 자신을 비춰보는 거울인 셈이다. 그러나 그 거울은 진실한 거울일까?

그래서 출발한 것이 역사프로그램〈한국사傳〉이다. 왜 많은 사람들이 작가의 손끝에서 나오는 허구의 사건에 자신을 비춰보려 하는 것일까? 허구가 아닌 실제의 이야기는 많다. 그 진짜 사건들 중에 중요하지 않거나 재미없는 이야기들이 시간의 흐름과 더불어 하나둘 사라지고 마지막까지 남은 것, 그것이 바로 역사인 것이다.

전통적인 역사서는 보통 기전체(紀傳體)로 구성된다. 기전체의 기(紀)는 황제나 왕, 국가의 이야기다. 즉 사람의 이야기라기보다는 시스템의 이야기다. 전(傳)은 보통 열전이라고 부르는 것으로, 바로 역사 속 사람들의 이야기이다. 그 속에는 진짜 사람들의 삶과 죽음, 성공과 실패, 사랑과 증오까지 기록되어 있다. 그들의 삶은 드라마로 가득 차 있다. 그런데 그 드라마는 허구가 아닌 실제다. 그들이 살인을 했을 때 그 살인은 정말 일어난 사건이었으며, 그들이 사랑을 했을 때 그 사랑은 지구상에 정말 존재했던 사랑인 것이다. 게다가 역사 속의 개인들은 단순한 개인들이 아니다. 그들은 의미 있는 족적을 남기고 사라져간 개인들이며, 그들이 선택한 길은 역사를 뒤흔든 길이었다.

그들의 삶을 유심히 보면 인간과 역사의 길이 함께 보인다. 역사는 왜곡되지 않은 거울이다. 동양의 역사가들은 역사가 감계(鑑戒)기능을 한다고 말했다. 역사에 비춰보고 경계할 수 있도록 한다는 뜻이다. 그래서 역사는 부끄러운 치부마저 그대로 기록해야 한다고 믿었고 실제로 그렇게 했다. 그만큼 역사는 리얼하다. 〈한국사傳〉은 시스

템 이야기인 기(紀)를 잠시 접어두고 리얼 휴먼스토리로 가득한 전(傳)에 주목하고자 했다.

KBS 역사프로그램은 줄곧 "역사의 대중화"라는 화두를 안고 왔다. 역사가 일부학자나 지식계층의 전유물로 남아 있어서는 안 된다는 생각이었다. 그런 이유로 때로는 역사를 이야기하는 방식에서 학자들과 대립하기도 했다. 많은 학자들은 KBS가 엄정성을 잃고 복잡한 사안을 지나치게 단순화했다고 비판하기도 하고, 일부에서는 역사프로그램이 역사를 전달하는 하나의 방식으로서 의미가 있다고 긍정적으로 평가하기도 했다. 역사가 진정 가치 있는 것이라면 대중과 나누어야 한다는 것이 제작진의 생각이다. 지금까지 대중과 나누기 위해서 KBS는 수많은 시도를 해왔고 앞으로도 할 것이다.

〈한국사傳〉 역시 역사를 좀 더 쉽고 재미있게 대중에게 전달하려는 시도의 하나이다.

처음에는 타이틀이 이상하다는 사람들이 많았다. 傳이라는 한자가 주는 익숙지 않은 분위기와, 한글로 적었을 때 느껴지는 뜻의 모호함 때문일 것이다. 그런데도 그 모호함을 굳이 끌고 가기로 한 것은 역사는 고리타분하다는 선입관을 지우고, 산뜻하고 새롭게 역사이야기를 하고 싶었기 때문이다.

 〈한국사傳〉은 기전체 역사서의 열전의 한편이기도 하고 '홍길동傳'처럼 어떤 옛 사람의 이야기이기도 하다. 내용을 쉽게 전달하기 위해 스토리텔링을 중시하고 부분적으로 재연 기법을 사용하고 있지만, 기본전제는 엄정한 사실을 중시하는 다큐멘터리이다. 그래서 재연배우가 등장하지만 그들의 대사는 작가가 임의로 만들어낸 것이 아니라, 사료에 기록된 내용 그대로이다.

 〈한국사傳〉은 이전의 역사스페셜, HD역사스페셜, 조선왕조실록, 역사추리, 역사의 라이벌 등 KBS 역사프로그램의 전통을 이어받은 프로그램이다. 본래 역사다큐멘터리는 현장에서의 임의연출이 통하지 않는다. 사전의 철저한 사료조사 없이는 프로그램을 만들 수 없다. 완성도를 높이기 위해서는 오로지 제작자의 개인 시간을 프로그램에 바치는 수밖에 없다. 〈한국사傳〉은 11명의 KBS 최고 수준의 프로듀서들이 개인적인 일정까지 포기하고 만들어가는 프로그램이다. 그렇게 할 수 있는 동력은 제작 프로듀서들이 역사프로그램의 가치를 스스로 인정하기 때문이다. 역사는 지나간 과거의 단순한 일이 아니라 현재를 비춰보는 가장 왜곡되지 않은 거울이고, 불확실한 현재에서 미래를 추측할 수 있는 유일한 케이스스터디라는 신념을 가지고 있기 때문이다.

작년 봄, 한국사전을 출범시키기 위해 제작진은 변산반도로 갔다. 주변에 사극 '불멸의 이순신'을 촬영한 세트장이 있고 KBS가 이용할 수 있는 콘도가 있어서였다. 그 콘도에서 프로그램 기획회의를 하고 덤으로 세트장을 사전 답사할 생각이었다. 참가자는 지금은 건국대학교 교수로 갔지만 당시 규장각에 있던 신병주 박사와 프로듀서 몇 사람, 작가가 전부였다.

봄 바다를 앞에 두고 웃고 떠들었지만 사실 암담했다. 역사를 인물로 풀어보자는 기본전제에는 모두 동의하고 있었지만 과연 성공할 수 있을까? 사회자를 두 사람의 남자 엠시로 하자고 제안하면서도 그것이 과연 효과가 있을지 두려웠다. 한마디 한마디가 조심스러웠고 순간의 판단착오는 곧 시청자의 외면으로 이어질 것 같았다. 그때 나왔던 이야기가 시청자가 이해하기 힘든 사료를 그대로 보여주지 말고, 대신 사료에 나오는 대사를 재연해서 제공하자는 것이었다. 역사프로그램이지만 현대적 감각의 화면연출을 하자고 했다. 어렵고 딱딱한 역사프로그램을 시청자의 시각에서 받아들이기 쉽게 만드는 것이 성공의 관건이라고 보았다.

첫 프로그램은 역관 홍순언으로 정했다. 개인의 사소한 일이 역사를 어떻게 움직였는지 보여줄 좋은 소재라고 판단했다. 왕조의 역사, 제왕의 역사뿐 아니라, 역사를 역사 속의 인간의 관점에서 다시 보자는 기획의도와 잘 맞아떨어지는 아이템이었다. 성공적이었다.

그 후 방송이 계속되자 호평이 잇따랐다. 일간신문들은 "다큐멘터리계의 이효리", "지루한 역사다큐 고정관념 깼다", "한 인물 다른 평가 눈에 띄네" 등의 파격적인 머리글로 〈한국사傳〉의 시도를 평가해주었고 이제 책으로 출판되기에 이르렀다. 실제 있었던 역사 속 사람들의 이야기, 의미 있는 사람들의 리얼 드라마를 책으로도 확인할 수 있기를 바랄 뿐이다.

프로그램에 도움을 주신 모든 분들에게 감사드린다. 가장 크게는 시청자에게 감사드리며, 공영방송이 끝까지 역사프로그램에 투자할 수 있도록 시청자들과 독자들께서 관심과 질책을 함께 보내주시기를 부탁드린다.

2008년 2월
한국사傳 책임프로듀서
장영주

차례

◆ 서문 역사를 뒤흔든 '개인'들의 리얼 드라마 · · · · · · · · · · · · · · · · 4

1 조선을 구한 어느 외교관의 인연 — 홍순언

200년에 걸친 약소국의 이유 있는 항의 · · · · · · · · · · · · · · · · 18
홍순언 앞에 나타난 놀라운 반전 · 21
유일한 역관 출신 광국공신 · 25
조선시대 역관은 유능한 무역상이었다 · · · · · · · · · · · · · · · · 28
국가의 모든 실무를 담당한 '중인'들 · · · · · · · · · · · · · · · · · 33
임진왜란 승리의 숨은 주역 · 36
인연은 인연을 낳고 · 40

2 한국의 무희에서 파리의 연인으로 — 리진

조선의 '영혼의 꽃' · 45
콜랭 드 플랑시와의 운명적 사랑 · 48
파리를 활보하던 최초의 근대여성 · 50
조선 여인의 파리 사교계 진출 · 56
낯선 문화 속의 이방인 · 60
거스를 수 없는 '관비'의 운명 · 63
파리로 인해 살고, 파리로 인해 죽다 · · · · · · · · · · · · · · · · · · 66

3 중국대륙 속의 고구려 제왕 — 이정기

대륙을 호령했던 고구려 유민 ·· 71
용교를 막아 당의 숨통을 조이다 ···································· 76
군인으로 명성을 날리다 ·· 80
부하들이 선택한 절도사 ·· 84
당나라에서 가장 살기 좋은 이정기의 나라 ······················ 87
당 황실을 겨누고 칼을 빼들다 ······································· 92
이정기 왕국의 흥망성쇠 ·· 95

4 세조의 일등공신인가, 단종의 배신자인가 — 신숙주

세조의 킹메이커 ··· 101
계유정난의 일등공신 ··· 104
공신의 길을 택한 신숙주의 지독한 배신 ······················· 106
실패로 끝난 단종 복위운동 ·· 108
'넘버 쓰리' 세조가 선택한 신숙주 ································ 111
세조에 충성한 신숙주에 대한 논란 ······························· 115
충신 성삼문 vs 공신 신숙주 ··· 120
신숙주의 길 vs 성삼문의 길 ··· 123

5 20일간의 치열했던 헤이그 장외외교 — 이준

헤이그의 문전박대 ·· 129
고종의 마지막 카드 ·· 132
고종이 선택한 남자 ·· 137
회의장 밖의 외교활동 ··· 141

급작스런 이준의 죽음 ························· 146
두 번 죽임을 당한 세 특사 ····················· 150

6 슈퍼맨 아버지의 눈물 — 영조

21세기에 밝혀진 사도세자의 병 ················ 157
슈퍼맨 아버지와 평범한 아들 ··················· 161
사도세자의 죽음을 둘러싼 의혹들 ··············· 165
뿌리 깊은 당쟁의 씨앗 ························· 169
돌이킬 수 없는 부자의 갈등 ···················· 171
뒤주에 갇힌 세자의 마지막 ····················· 177
'사랑하는 방법'을 몰랐던 아버지의 회한 ········· 182

7 조선의 여성 CEO — 김만덕

제주를 수렁에서 구한 여인 ····················· 187
관기에서 상인으로 ····························· 192
승승장구한 김만덕의 객주 ······················ 196
쌀과 소금을 장악하다 ·························· 198
뱃길로 열린 팔도의 시장 ······················· 201
최고의 부자로 거듭나다 ························ 204
왜 하필 만덕인가? ····························· 208
실학자가 인정한 전문경영인 ···················· 211

8 비운의 라스트 프린세스 — 덕혜옹주

환갑에 얻은 늦둥이 외동딸 ····················· 215
여덟 살에 겪은 아버지의 독살 ·················· 217

덕수궁의 꽃에서 일본의 인질로 · 220
독살에 대한 공포와 어머니의 죽음 · · · · · · · · · · · · · · · · 223
짧은 결혼생활과 정신병원 생활의 시작 · · · · · · · · · · · · 227
잊혀진 덕혜와 딸 마사에 · 230
"우리나라에서 살고 싶어요" · 233

9 김옥균을 쏜 최초의 프랑스 유학생 — 홍종우

조선 최초의 프랑스 유학생 · 241
레가미와 홍종우의 운명적 만남 · · · · · · · · · · · · · · · · · · 243
파리 인사들과 교류하며 한국을 알리다 · · · · · · · · · · · · 247
한복 입은 파리의 신사 · 250
일본 극우파의 원조와 손잡은 김옥균 · · · · · · · · · · · · · · 254
서로 다른 방식으로 나라를 걱정한 두 사람 · · · · · · · · · 258
엇갈린 두 사람의 평가 · 262
홍종우의 길 vs 김옥균의 길 · 264

10 조선 장수의 흑룡강 승전보 — 신유

원치 않았던 출병 · 269
흑룡강에서 격돌한 러시아와 청나라 · · · · · · · · · · · · · · 273
코자크족을 앞세운 러시아의 흑룡강 진출 · · · · · · · · · · 277
코자크족이 두려워한 '대두인' · · · · · · · · · · · · · · · · · · · 280
신유와 조선군의 흑룡강 승전보 · · · · · · · · · · · · · · · · · · 283
효종과 조선의 딜레마 · 286
약소국 장군의 비애 · 289
200년 평화를 견인한 대장정 · 291

낯선 이름 홍순언.
그는 조선의 운명을 바꾼 역관(외교관)이다.
임진왜란을 승리로 이끈 중요한 인물이
바로 장수도 무사도 아닌, 중인 출신의 역관 홍순언이다.
뿐만 아니라 그는 조선의 역사를 바로잡는 큰 공을 세우기도 했다.
그런데 그 일이 가능하게 된 계기는 어느 여인과의 짧은 만남.
모든 것은 여기에서 시작되었다.

조선을 구한
어느 외교관의 인연
— 홍순언

홍순언(洪純彦)에 대한 기록은 그리 어렵지 않게 찾을 수 있다.

먼저 국립중앙도서관 고전운영실에서 그가 바로잡았다는 조선 역사의 실마리를 발견했다. 《통문관지通文館志》는 조선시대 중국, 일본 등과의 외교통상 관계를 수록한 책이다. 조선 외교의 기본 방침이었던 사대교린(事大交隣), 즉 강한 나라를 받들어 섬기고(事大), 이웃나라와는 대등한 관계에서 사귀어(交隣) 국가 안정을 도모했던 외교 사례들과, 일선에서 활약했던 역관들의 행적을 기록해놓았다. 그 속에 홍순언의 일화도 소개돼 있다.

> 홍순언은 젊어서부터 호방하고 의기가 있었다. 일찍이 명나라 연경에 가다가 통주에 이르러 밤에 기생집에 놀러가서…….

《통문관지》의 이야기를 정리해보면 16세기 조선 선조 대의 중국어 역관 홍순언은 북경에 도착하기 하루 전날 통주에 다다른다. 조선에서 출발한 지 두어 달 만이었다. 통주에서 하룻밤을 묵기로 하고 거리를 걷던 그의 발걸음은 한 기생집으로 향한다. 그와 조선의 역사에 기록될 운명적인 밤이 다가오고 있었다. 그것은 홍순언과 한 여인의 예상치 못한 인연이었다.

기생집을 찾은 그의 눈에 어느 아름다운 중국 여인이 언뜻 들어왔다. 순언은 주인에게 그녀를 소개해달라고 부탁했다. 순언이 있던 방으로 여인이 들어왔다. 그런데 여인은 소복을 입고 있었다. 무슨 일일까? 순언은 그녀에게 사연을 물었다.

> 중국 여인(류씨): 제 부모는 본디 절강 사람으로 명나라 북경에 와서 벼슬살이 하다가 불행히 돌림병에 걸려 두 분 다 돌아가셨는데, 지금 관이 객사에 있습니다. 저는 외동딸이고 부모님을 고향으로 모셔가 장례를 치를 돈이 없어서 마지못해 스스로 이곳에 나왔습니다.

순언은 눈물을 흘리는 그녀가 가여웠다. 여인에게 필요한 돈은 300금. 적지 않은 돈이지만 홍순언은 자신의 전대를 모두 털고 만다. 여인은 조선의 의인에게 이름을 묻지만 그는 끝내 대답하려 하지 않았다.

류씨: 대인께서 이름을 말씀하지 않으시면 저도 주시는 것을 받을 수 없습니다.
홍씨: 성은 홍이라 하오.

이날 홍순언이 성만 말하고 나오니 동행이 모두 그를 바보라고 비웃었다고 《통문관지》는 전한다. 곤경에 처한 여인을 구해준 의로운 남자, 그리고 그를 비웃는 주위 사람들.

《통문관지通文館志》. 조선시대 중국, 일본 등과의 외교통상 관계를 수록한 책으로 역관 홍순언과 중국 여인의 일화도 실려 있다.

《통문관지》 외에도 홍순언에 대한 기록이 실린 책을 찾아보면 30여 권이 넘는다. 《선조실록宣祖實錄》, 《성호사설星湖僿說》, 《서포만필西浦漫筆》, 《열하일기熱河日記》, 《연려실기술燃藜室記述》, 《동평위공사견문록東平尉公私見聞錄》, 《대동기문大東奇聞》……. 역사서뿐만 아니라 소설집도 상당하다. 그만큼 사람들의 입에 많이 오르내렸다는 뜻일 것이다.

그런데 《통문관지》에는 왜 홍순언 이야기를 이렇게 자세하게 적어놓았을까? 정치적인 외교 관계나 경제 통상 분야에 대해 체계적으로 엮은 조선의 외교사 책에 홍순언의 일화가 자세히 기록된 데는 다 그만한 이유가 있다. 지금부터 본격적인 이야기 속으로 들어가 보자.

200년에 걸친 약소국의 이유 있는 항의

태조 3년(1394) 4월, 조정이 발칵 뒤집혔다. 태조 이성계가 믿기 어려운 사실을 알게 된 것이다. 그것은 명나라에서 조선 왕실의 가계를 잘못 기록한 사건이었다.

지금으로부터 600여 년 전, 조선 조정을 뒤흔들었던 문제의 발단을 북경사범대학교 도서관에 보관된 《대명회전大明會典》에서 확인할 수 있다. 《대명회전》은 명나라의 법전으로, 당대의 법령과 제도를 집대성해놓은 책이다. 여기에 태조 이성계의 아버지가 엉뚱한 인물로 잘못 기록돼 있었다.

이성계는 이인임의 아들이다.

이인임(李仁任·?~1388)은 고려시대 무신으로 이성계와 권력을 다투던 정적이었다. 그런 이인임이 이성계의 아버지로 기록되어 있는 것이다.

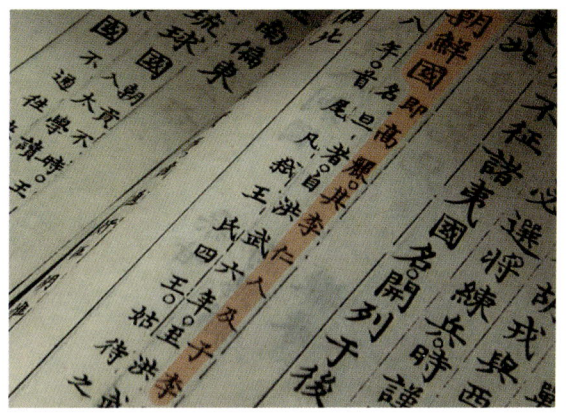

《대명회전》 정덕본(1510). 이성계의 아버지가 이인임으로 잘못 나와 있다.

정통성을 대단히 중시했던 조선 왕실은 그 사실을 알고 매우 놀랐고, 곧바로 사신을 파견하여 사실과 다르다고 진정했다. 중앙민족대학교의 황여우푸 중국조선사연구회 회장은 자신의 정적이었던 사람이 자기 아버지로 기록되었다는 것은 이성계로서는 절대 참을 수 없는 일이었기에, "이성계의 아버지는 이자춘(李子春)이라고 그 가계를 설명하고, 또 이인임의 가계에 대해서도 매우 상세히 보고했다"는 사실이 중국 역사서에 기록되어 있음을 확인해준다.

조선은 그 후 200여 년에 걸쳐 끊임없이 사신을 보내지만, 《대명회전》의 기록은 고쳐지지 않았다. 잘못 기록된 이성계의 가계를 시정하기 위해 명나라에 끊임없이 주청했던 이 사건을 종계변무(宗系辨誣)라고 한다. 종계변무는 조선 전기 최대의 왕실 외교 현안이었다.

신병주 서울대학교 규장각 한국학연구원은 이 사건이 일어난 배경으로 '명나라의 오만함'과 '외교 협상카드로서의 가치'를 언급한다. 즉 명나라 측이 명백한 잘못을 고치려고 하지 않은 이유는 "약소국인 조선에 대한 강대국으로서의 자존심 표출"이며, 동시에 "조선의 아킬레스건을 꼭 잡고 있다가 필요할 때 유리한 외교협상 카드로 쓰기 위해서"였다고 해석할 수 있다는 것이다.

그렇게 200년 동안 해결되지 않고 있던 종계변무를 선조 17년인 1584년에 드디어 홍순언이 맡게 된 것이다. 그런데 홍순언의 이번 사행길은 돌아오지 못하는 길을 가는 것과 마찬가지였다. 홍순언의 목숨은 바람 앞의 촛불과도 같았다.

> 이것은 역관의 죄로다. 이번에 가서 또 시정 약속을 받아내지 못한다면 반드시 수석 통역관의 목을 베리라. ─《연려실기술》 선조조 고사본말

홍순언은 그보다 10년 전인 1574년에도 종계변무의 임무로 북경에 간 적이 있었다. 당연히 아무런 수확이 없었다. 그때 역시 태조 이성계와 이인임의 가계를 자세히 적어 보냈지만, 명나라 예부상서의 답은 200년 전 태조 때와 다르지 않았던 것이다.

> 홍순언: 《대명회전》을 새로 편찬하신다고 하니 이번에는 잘못 기록된 부분을 고쳐주시기 바랍니다.
> 명나라 예부상서: 분명한 상황을 모르니까 조사해서 당신들이 돌아갈 때 알려주겠소. 일단 그냥 가시오.
> 홍순언: 한 번 더 여쭈어보시면 안 되겠습니까?
> 예부상서: 《대명회전》을 다시 편찬하게 되면 귀국이 원하는 내용이 저절로 들어갈 것이니 이제 더 이상 말하지 않겠소.

북경의 동악묘. 중국에 간 사신들이 조양문으로 들어서기 전에 향을 피우고 제를 지냈던 곳이다.

홍순언 앞에 나타난 놀라운 반전

홍순언은 난감했다. 10년 전에도 불가능했던 일이 이제 와서 성사될 가능성은 희박했다.

어쨌든 종계변무를 수행하기 위해 다시 한 번 북경으로 향한 홍순언은 동악묘에 들러 제례를 지냈다. 동악묘는 원나라 때 세워진 도교 사원으로 북경으로 들어가는 입구인 조양문의 2리 밖에 있다. 명나라 때 조선 사신들은 조양문으로 가기 전에 먼저 동악묘에 들러 자신의 여정이 평안하도록 제사를 지냈다. 역관 홍순언도 동악묘에서 그 어느 때보다 간절히 염원했을 것이다.

그런데 홍순언이 동악묘에서 제사를 지내고, 다음 날 조양문 앞에

조양문. 북경으로 들어서는 관문이다.

도착했을 때 생각지도 못한 놀라운 반전이 그를 기다리고 있었다. 그의 운명이 바뀌는 순간이었다. 애초에 종계변무사인 홍순언 일행을 반가워할 사람이 있을 리 만무했다. 그런데 애타게 그를 찾는 이들이 마중을 나와 있었던 것이다.

> 이번에 공이 오신다는 말을 듣고 예부의 석 시랑께서 부인과 함께 맞이하러 나왔습니다. 그동안 홍역관이 오는지 계속 찾았습니다.

홍순언을 맞이한 사람은 명나라의 예부시랑(외무부차관) 석성(石星)이었다. 명나라의 외무부차관이 조선 역관을 맞이하러 나온다는 것은 있을 수 없는 일이었다. 황여우푸 회장의 설명에 따르면 원래는 명나라 예부 안에 있는 주객청리사(主客淸吏司)의 말단직원에 해당하는 통사판관(通事辦管)이 조양문으로 나가 조선 사신을 맞이하는 것이

관례였다고 한다. 그런데 예부시랑이 직접 나왔다는 것은 전례가 없는 매우 파격적인 접대라는 것을 의미한다.

석성이 순언에게 말했다.

> 군은 통주에서 은혜를 베푼 일을 기억하시오? 내가 아내의 말을 들으니 군은 참으로 천하의 의로운 선비요.

예부시랑이 조양문까지 마중 나온 것도 당황스런 일인데 그의 아내는 홍순언에게 절까지 올렸다. 예부시랑의 아내는 홍순언이 지난날 통주에서 만났던 바로 그 류씨 여인이었다.

당황하는 홍순언에게 류씨는 이렇게 말했다.

> 은혜에 보답하여 절하는 것이니 받으셔야 합니다. 군의 높은 은혜를 입어 부모님 장례를 지낼 수 있었으므로 감회가 마음에 맺혔습니다. 그러니 그 은혜를 어느 날엔들 잊겠습니까.

홍순언은 까마득히 잊고 있던 일이었다. 그러나 홍순언 덕분에 부모님 장례를 치르고 무사히 몸을 보전할 수 있었던 여인은 그 은혜를 잊지 않았던 것이다.

석성은 홍순언을 극진히 대접했다. 그리고 이번 사행의 목적을 전해 듣자, 곧바로 도움을 주겠다고 약속했다. 종계변무는 마침 석성이 시랑으로 있는 예부의 소관이었다.

홍순언은 북경에 머무르며 답을 기다렸다. 석성은 홍순언을 돕기

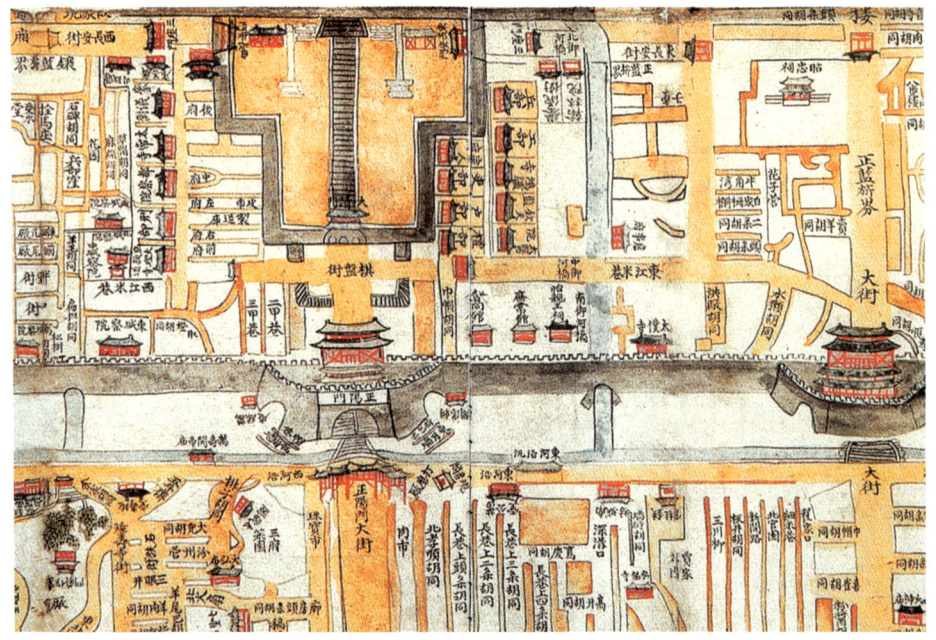

연경 성시도(일부). 중국 청나라의 북경을 그린 지도. 조선 사신이 들어가는 조양문이 오른쪽에 있고, 외국사신이 머물던 회동관은 정양문 오른쪽에 있다.

위해 특명까지 내리며 애를 썼지만 아무 성과 없이 시간은 한 달이 넘게 흘러가고 있었다. 그렇게 홍순언이 사신들의 숙소인 회동관에 머무른 지 두 달이 거의 되었을 때 드디어 반가운 소식이 날아들었다. 《대명회전》의 내용이 조선의 요구대로 바뀌게 된 것이다. 수정본인 《대명회전》 만력본에 그 내용이 실려 있다.

> 이성계는 전주의 혈통을 물려받았고, 선조는 이한(李翰)이며, 신라의 사공(司空)이라는 벼슬을 했다. 6대손 긍휴(兢休)는 고려로 왔다.

수정 전후를 비교해보면 만력본엔 이자춘(李子春)의 이름이 바르게 표기돼 있고, 정덕본엔 이성계의 숙적이었던 이인임의 이름이 있다.

| 李仁人及子李成桂 | 이성계는 이인임의 아들이다. —《대명회전》정덕본(1510) |
| 子春是爲成桂之父 | 이성계는 이자춘의 아들이다. —《대명회전》만력본(1587) |

유일한 역관 출신 광국공신

홍순언이 조선의 200여 년 숙원 사업을 해결하고 조선으로 돌아가는 길에 압록강가에 이르렀을 때, 그를 뒤쫓아 오는 이가 있었다. 석성의 부인이 선물을 보낸 것이다. 나전함 열 개. 그 안엔 그녀가 직접 짠 비단이 10필씩 들어 있었다. 100필의 비단에 새겨진 보은(報恩)이라는 글자는 모두 부인이 직접 수놓은 것이었다.

사실 조선 조정은 역관 홍순언에게 그다지 큰 기대를 걸지 않았었다. 그러니 홍순언이 돌아왔을 때의 기쁨이란 이루 말할 수가 없었다. 종계변무의 성공을 축하하며 후에 숙종 때 펴낸 시집《광국지경록》을 보면 선조가 얼마나 감격했는지 알 수 있다.

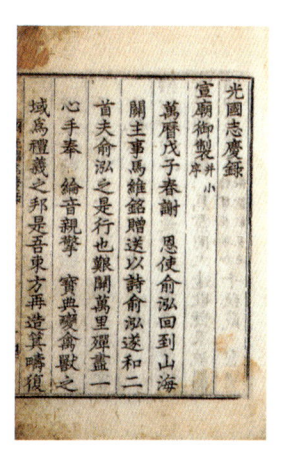

《광국지경록》. 종계변무를 축하하기 위해 선조와 여러 신하들이 화답한 시를 모은 것이다.

금수의 나라를 예의의 나라로 돌아가게 하니 나라가 다시 만들어졌다.

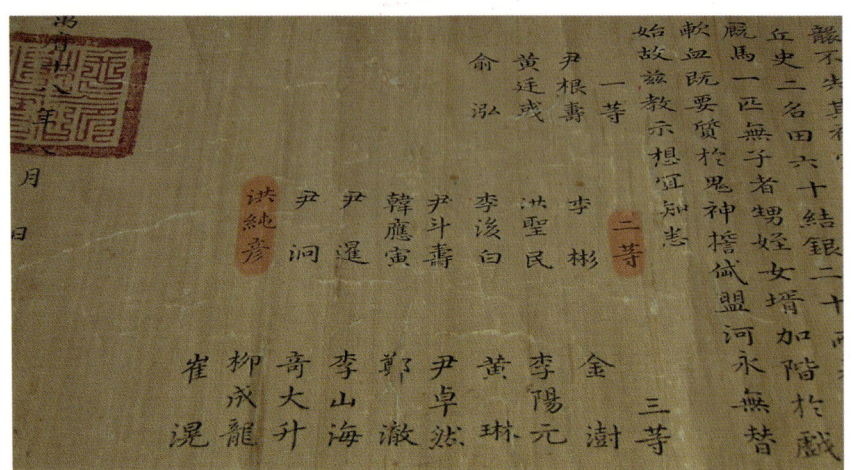
광국공신 칭호를 받은 신하들. 홍순언의 이름이 정철이나 유성룡보다 높은 2등에 올라 있다.

신병주 박사에 따르면 종계변무의 성공은 대내외적으로 두 가지 점에서 상당히 큰 성과물이자 왕실의 경사였다. 구체적으로 "왕실의 계보를 바로잡고 외교적 자신감을 회복했다는 것, 그리고 사대부와 백성들에게 떳떳하게 왕가의 정통성을 내보일 수 있게 됐다는 점"에서 그렇다.

종계변무의 성공으로 홍순언은 나라를 빛낸 공신이 된다. 선조는 종계변무를 성공시킨 신료들에게 광국공신(光國功臣)의 칭호를 내렸는데, 열아홉 명의 광국공신 가운데 역관은 홍순언 단 한 명이다. 그중에서도 홍순언이 2등으로 올라가 있어서 정철(鄭澈)이나 유성룡(柳成龍)보다 높은 공을 인정받았음을 확인할 수 있다.

그 후 홍순언은 곧바로 우림위장(羽林衛將)으로 임명되었다. 우림위장이란 임금을 경호하는 군대의 사령관으로 종2품에 해당하는데 원래는 역관이 오를 수 없는 직위였다. 또 선조는 홍순언에게 당릉군(唐

종계변무 문제를 해결하고 돌아온 홍순언에게 왕이 노비와 집을 하사해주어 그가 살았던 역사의 현장이 지금의 을지로입구다.

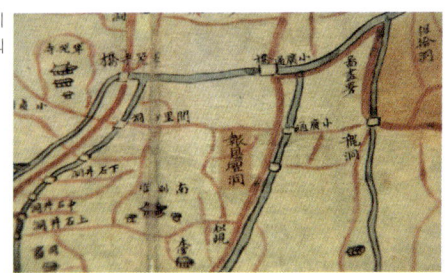

보은단동이란 지명이 적힌 도성도 일부.

陵君)이라는 군호를 하사하기도 했다. 군호를 받는다는 것은 임금의 친족과 같다는 뜻으로 신하로서는 최고의 영예였다.

 선조는 순언에게 땅과 노비도 하사했는데, 순언이 받았다는 땅은 지금도 그 이름으로 남아 전한다. 지금의 을지로입구가 조선의 숙원이었던 종계변무 문제를 해결하고 돌아온 홍순언에게 왕이 노비와 집을 하사해주어 그가 살았던 역사의 현장이다. 서울시사편찬위원회의 이상배 전임연구위원에 따르면 당시 은혜를 입은 여인이 보은이라고 새긴 비단을 홍순언에게 주었기 때문에 그곳을 보은단동, 또는 보은골이라고 부르게 되었다고 한다.

 조선은 보은단동이라는 이름으로 홍순언을 기억했다. 이것이 짧은 인연이 낳은, 그 첫 번째 이야기다.

조선시대 역관은 유능한 무역상이었다

그런데 홍순언이 여인과의 우연한 인연만으로 종계변무를 성공시켰다고 보기는 어렵다. 여기서 우리는 그가 역관이었다는 사실을 다시 떠올려야 한다.

외교관 하면 어떤 모습이 떠오르는가? 지금과 마찬가지로 조선시대에도 역관은 유창한 외국어 실력과 국제적인 감각, 세련된 매너와 함께 상대국의 고위 관리들과 대등하게 소통할 수 있는 학문까지 갖춰야 했다. 역관은 그야말로 다방면의 재능이 요구되는 전문직이었던 것이다.

《노걸대》. 조선시대 역관들이 공부했던 중국어 초급 회화책. 상인들 간의 대화가 주를 이룬다.

이 엘리트 집단은 어떻게 만들어졌을까? 역관이 되기 위해선 역과 시험에 통과해야 했는데 그 시험과목이라는 게 한두 가지가 아니었다. 먼저 전공과목으로 중국어, 제2외국어인 몽골어, 외교문서 작성 능력을 묻는 이문(吏文)이 있었고, 교양과목으로 대학, 논어, 맹자, 중용, 소학 시험을 치러야 했다.

역관이 된 후에도 시험은 평생 계속됐다. 해외출장을 갈 때마다 치르는 시험에 통과하지 못하면 당연히 출장도 못 가고, 월급도 받지 못했다. 이렇듯 역관이란 철저히 능력이 검증된 전문가들이었다.

그런데 외국 유학도 떠날 수 없던 그 시절에 역관들은 어떻게 외국어 공부를 했을까? 조선 역관들이 공부했던 중국어 초급 회화책으로 《노걸대老乞大》라는 교재가 있다. 《노걸대》는 고려 상인 세 명이 중국에 장사하러 가면서 겪게 되는 100여 가지 상황을 설정하고, 거기에서 오가는 대화로 구성되어 있다. 홍순언도 이 책으로 중국어를 공부했다.

다음은 《노걸대》의 원문 가운데 일부다.

    왕씨: 주인 양반, 안녕하시오?

    여관주인: 아이고 왕씨 나리가 아니십니까? 오랜만입니다. 건강하시고요?

    왕씨: 당신네 여관에도 말먹이가 있던가?

    여관주인: 마초도 곡식도 모두 있습니다. 검은콩은 한 말에 두 냥 반이고 말먹이는 한 냥입니다.

    왕씨: 그게 정말인가? 속이는 거 아니겠지?

    여관주인: 나리, 무슨 말씀을 그렇게 하십니까. 나리께서는 단골손님으로 저희 가족과 같은데 제가 어찌 거짓말을 하겠습니까. 정 믿지 못하시겠

다면 어디 다른 여관에 가서 물어보시죠.

왕씨: 됐네. 그냥 한번 말해본 것뿐일세.

또 다른 대목을 살펴보자.

상인1: 이 인삼은 좋은 것인가?

상인2: 이 인삼은 신라삼이외다.

상인1: 그저 그런 것 같은데.

상인2: 무슨 말을 그리 하시오. 이 인삼은 제일 좋은 것이오. 뭐가 그저 그렇다고 하시는 거요.

다음은 말 값을 흥정하는 장면이다.

상인1: 그래, 댁이 생각하는 값이나 들어봅시다.

상인2: 이 좋은 말 다섯 마리는 한 마리가 은자 여덟 량이니 합이 40량이오.

상인1: 당신처럼 그렇게 값을 매기면 고려 땅에 가서도 살 수 없어요.

상인2: 정말로 말을 사려는 거요, 그냥 놀리는 거요?

상인1: 이 사람 보게. 무슨 말을 그렇게 하시오? 사지 않을 거면 내가 정신이 나갔소? 뭐하러 여기까지 와서 흥정을 하겠소.

이처럼 《노걸대》는 주인공이 상인들인 만큼 대부분 물건을 사고팔고 흥정하는 이야기로 이루어져 있다. 역관들이 장사 이야기를 주로 다룬 《노걸대》를 교과서로 쓴 이유는 당시 조선 역관의 임무에는 사

송조천객귀국시장(送朝天客歸國詩章). 명나라에 조회왔다가 고국으로 돌아가는 조선 사신을 전송하는 광경을 묘사한 그림.

신들의 말을 통역하는 것뿐만 아니라 국제무역도 포함돼 있었기 때문이다. 홍순언도 당연히 무역에 관여했다. 그렇게 조선과 명나라를 오가다 석성의 부인이 될 여인을 만났던 것이다.

그런데 홍순언이 여인을 구하기 위해 쓴 돈을 떠올려보자. 300금이었다. 300금은 지금으로 치면 1000만 원 정도 되는 돈인데, 홍순언은 별 고민 없이 그 돈을 그냥 내줬다. 그 큰돈을 주머니에 넣고 다닌다? 어떻게 그런 일이 가능할까?

사실 홍순언이 통주에서 중국여인을 구했던 돈은 관아에서 빌린 무역자금이었다. 조선으로 돌아와 돈을 갚지 못한 순언은 공금횡령으로 옥에 갇히는 신세가 된다. 그대로라면 죽는 날까지 옥살이를 해야 했을 홍순언.

 그때 마침 이번에야말로 종계변무를 해결하지 못하면 담당 역관의 목을 베겠다는 선조의 엄명이 떨어졌다. 죽음이 두려웠던 동료 역관들은 홍순언이 빚진 공금을 대신 갚아주고, 죽음의 사행길에 홍순언을 보내기로 했던 것이다. 역관들이 큰돈을 융통할 수 있는 능력이 있었기에 가능한 일이었다.

 조선 전기 역관은 관아에서 빌린 자금 외에 인삼을 기본 무역자금으로 사용했다. 역관에게는 출장비가 지급되지 않았는데, 대신 인삼 장사를 해서 번 돈으로 경비를 충당하도록 했다. 한 번에 가져갈 수 있는 허용량은 인삼 열 근이었다. 조선시대 인삼 열 근은 지금으로 치면 6킬로그램이다. 당시 은으로 치면 250냥이고, 쌀로 하면 150가마다. 그때 쌀 150가마니면 지금 돈으로 2000만 원이 넘는다.

 이처럼 역관들은 사행 경비를 마련하기 위해 가져가는 인삼과 각종 관청에서 빌려준 공금을 합해서 상당히 큰 무역자금을 만질 수 있었다. 역관은 국제무역을 통하여 조선시대 최고의 갑부로 떠오르기도 했다.

 이덕일 한가람역사문화연구소장의 설명에 따르면 역관은 조선시대에 유일하게 국가의 공인을 받은 국제무역상이었다. 역관을 통해 모든 국제무역이 진행되기 때문에 개인의 성향이나 사업 수완에 따라 차이는 있지만, 대체로 막대한 자금을 접할 수 있는 위치에 있었다고 한다. 그렇기 때문에 조선 초기부터 후기까지의 역관 중에서는 당시 기준으로 따져서 조선 제일의 갑부라고 할 만한 인물들이 많이 등장할 수 있었던 것이다.

국가의 모든 실무를 담당한 '중인'들

이렇듯 홍순언을 비롯한 역관들은 국제무역상이면서 전문외교관이었다. 통역이나 외교문서를 작성하는 등의 전문적인 외교 실무는 역관이 아니면 할 수 없는 일이었다. 그러나 양반들은 역관의 일을 가벼운 임무로 취급하고, 역관은 자신들과 같이 설 수 없는 존재라 여기며 무시했다.

역관에 대한 차별은 사소한 것에서부터 구체적으로 적용되었다. 문과 응시생들은 예비시험에 해당하는 소과에 합격하면 백패를 받았는데, 역과 합격자는 급제를 해도 백패를 받아야 했다. 조선 초기에는 모든 합격자가 홍패를 받았지만, 역관을 천시하면서 문과 합격자와 구별하기 위해 백패를 지급한 것이다.

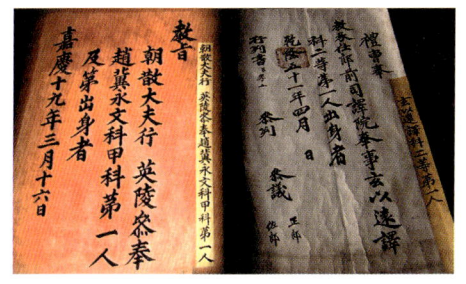

조선시대 문과 합격증서. 일반적으로 문과 합격자는 홍패를 받았지만, 역관은 일반적인 문과 합격자와 구별하기 위해 백패를 지급했다.

뿐만 아니라 사는 지역까지도 구분했다. 이상배 서울시사편찬위원회 전임연구위원에 따르면 조선시대 한양은 청계천을 중심으로 북쪽을 북촌, 남쪽을 남촌이라 불렀는데, 북촌에는 주로 고급 관료와 중신들이 살았고 남쪽에는 선비들이 살았다고 한다. 특별히 중앙인 청계천 지역을 중촌이라고 불렀는데, 중촌에는 전문기술직 관료들이나 역관, 의원들이 살았다. 조선 후기부터는 중촌에 사는 사람들을 중인이라고 부르기 시작한다.

김정호의 수선전도. 홍순언과 같은 중인들이 모여 산 곳은 청계천 일대의 이른바 중촌이었다. 청계천을 기준으로 북쪽인 북촌에는 고급 관료와 중신들이, 남쪽인 남촌에는 선비들이 주로 살았다.

홍순언이 살았던 보은단동도 중촌에 속했다. 양반들은 중촌을 중바닥이라고 낮잡아 부르기도 했다. 차별은 여기서 끝나지 않는다.

역관은 대대로 역관 직을 세습해야 했다. 홍순언 집안의 족보에는 나오지 않지만, 한 문헌에 따르면 역관이었던 아버지 홍겸(洪謙)의 직업을 물려받아 순언과 수언(秀彦) 두 아들 모두 역관을 했다는 기록이 나온다. 한 번 역관이 되면 역관 이외의 다른 관직에 나아가지 못하는 것이다.

역관은 오를 수 있는 자리도 한계가 있었다. 역관들의 승진은 국법으로 제한됐다. 역관을 교육하고 양성하던 기관인 사역원의 정3품이 역관이 오를 수 있는 최고의 자리였다. 그러니 종2품의 우림위장 홍순언을 양반들이 인정할 리 없었다. 홍순언을 파직하라는 상소가 연이어 들어왔다.

> 홍순언은 출신이 미천하여 왕친위군 장수에 합당치 않으니 바꾸소서.
> 홍순언은 서얼 출신으로 남에게 천시당하니 바꾸소서.
> —《선조실록》 선조 24년 (1591)

양반들의 차별과 멸시에도 불구하고 국가의 대외정책을 수행하는 데 역관은 없어서는 안 될 존재였다. 역관들의 업무는 사실 '모든 것'이라고 표현해도 무리가 없었다. 관리들은 정책 결정에만 관여했고 국가 외교와 경제, 문화와 국방에 이르는 모든 실무는 사실상 역관들의 정보와 조언에 의존해야 했다.

역관들의 중요성을 알 수 있는 흥미로운 에피소드가 있다. 정조 때 몽골이 망한 지 오래인데 몽골어 역관을 계속 둬야 하느냐는 논란이 벌어진 것이다. 조선시대의 역관들은 중국어, 몽골어, 만주어, 위구르어, 일본어, 오키나와어까지 총 6개국어를 구사할 수 있었다. 결국 몽골이 언제 다시 일어날지 모르기 때문에 몽골어 역관을 계속 둬야 한다는 결론이 났다. 이렇듯 문치 중심의 조선에선 군사력 못지않게 주변국과의 관계를 잘 유지할 수 있는 외교력을 무척 중요하게 생각했다. 그런 만큼 역관의 필요성은 절대적이었다. 그리고 실제로 조선의 운명이 좌우되던 그때, 다시 한 번 전문 외교관인 홍순언이 활약한다.

임진왜란 승리의 숨은 주역

1592년 4월, 임진왜란이 발발했다. 왜군이 상륙한 지 하루 만에 동래성이 함락되고, 20일 후엔 서울까지 빼앗긴다. 선조가 치욕스런 피난길에 올라야 할 만큼 상황은 급박하게 돌아가고 있었다. 조선으로서는 명의 도움에 기댈 수밖에 없는 처지였다. 그러나 명 조정은 조선 파병에 주저할 뿐이었다.

선조 때 학자 유성룡(柳成龍·1542~1607)의 시문집인 《서애집西厓集》을 보면 머뭇거리며 조선 파병에 반대하던 명나라 신하들의 목소리가 잘 나와 있다.

> 외국끼리 싸우는데 중국이 구할 필요가 없습니다.
> 압록강을 굳게 수비하면서 형세나 살펴봅시다.
> 조선이 갑자기 새처럼 숨는 것은 분명 자초한 재앙입니다.
> 우리가 멀리 외국까지 가서 돕는 것은 옳지 못합니다.

그 와중에 조선을 돕자고 주장하는 이는 오직 병무상서(국방부장관)인 석성 한 사람뿐이었다.

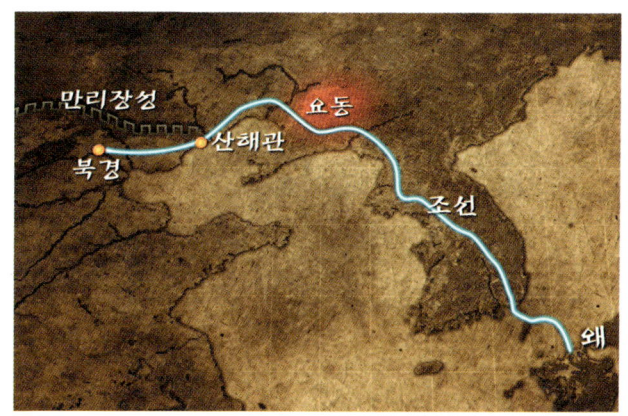

명나라가 조선을 도와 일본을 무찌른 이유는 일본이 조선의 길을 빌려 명을 칠 것이라는 '가도입명' 설을 믿었기 때문이다.

> 조선은 중국에게 외국이라고 할 수 없습니다. 조선의 사정은 우리의 사정입니다. 만일 왜적이 조선에 살게 되면 요동을 침범할 것이고, 또 나아가 산해관에 이르면 북경이 위태로워집니다. 조선은 다른 나라와는 사정이 전혀 다릅니다.

석성이 이런 판단을 내린 이유를 한명기 명지대학교 사학과 교수는 '가도입명(假道入明)'으로 설명한다. "도요토미 히데요시의 목적이 조선의 길을 빌려 명으로 넘어가는 것, 다시 말해서 최종 공격 목표는 명나라라고 판단"했다는 것이다. 그렇다면 명나라가 조선에 들어가서 미리 일본군을 막는 것이 가장 현명한 방법이다. 결국 석성은 최선의 공격이 최선의 수비라는 점을 들어 명나라의 전략적 결단을 서두르게 만들었다고 할 수 있다.

석성의 주장은 입술이 망하면 이가 시리다는, 이른바 순망치한(脣亡齒寒)의 논리였다. 일본이 만일 조선 땅을 점령하면 그 다음은 명나라로 향할 것이 분명했다.

그런데 명이 조선을 돕는 데 주저한 이유는 따로 있었다. 임진왜란이 일어나기 전부터 명에서는 이미 왜군의 움직임을 주목하는 동시에, 조선도 더불어 의심했다. 조선이 왜와 함께 명나라를 공격하려 한다는 소문이 요동지방에 널리 퍼져 있었기 때문이다.

임진왜란이 일어나기 1년 전인 1591년, 만리장성이 시작되는 산해관에 홍순언이 도착했을 때 명나라 백성들은 그에게 손가락질하며 욕을 퍼부었다. 임진왜란이 일어난 지 불과 보름여 만에 선조가 평양까지 피난하자 명나라 조정의 의심은 더욱 짙어갔다. 임금이 피난을 가장하고 왜군의 길잡이가 되어 북상한다는 것이었다. 조선 초기부터 명종 대까지 역대 야사(野史)를 기술한 《기재잡기寄齋雜記》에는 명이 송국신이란 관리를 보내 직접 확인까지 했다고 나온다.

> 그대 나라가 모반을 도모한다는 말이 있소. 나라가 이 지경이 됐는데 어떻게 8도 관찰사 중 누구 한 사람도 한마디 말하는 이가 없고, 8도에서도 누구 하나 의병을 일으키지 않을 수 있소. 이것은 분명히 명에 대한 음흉한 반역이 분명하오. 내가 일찍이 국왕을 뵌 일이 있기 때문에 국왕이 실제로 피난 온 것인지 아닌지 확인하러 온 것이오.

원군이 오기를 기다리는 선조로서는 암담한 일이었다. 명이 조선을 믿게 하려면 조선에서도 움직임을 보여야 했다.

사태가 다급해지자 병부상서 석성은 다른 고위 사신이 아닌 역관 홍순언을 급히 불러 사태를 설명했다. 석성 혼자서 다른 대신들의 마음을 돌리기는 힘들기 때문에 조선이 직접 사신을 보내 원병을 청한

임진왜란 당시 평양성 전투도.

다면 도움이 될 거라는 얘기였다. 홍순언은 석성의 말을 조선에 급히 전했고, 결국 명은 원군을 파병하게 됐다. 신병주 교수는 홍순언이 임진왜란 때 명나라 군의 참전을 이끌어낼 수 있었던 데에도 "종계변무를 성공시켰던 그의 외교적인 역량과 외교 채널이 큰 역할을 했다"고 평가한다.

석성을 만나고 조선으로 돌아가는 길에 홍순언은 경비를 털어 무기재료를 구입한다. 명에서 반출이 금지된 품목이었지만 석성의 허락을 받아 활을 만드는 궁각(물소 뿔) 1308편과 화약 재료인 염초 200근을 구할 수 있었다.

홍순언의 활약은 여기서 그치지 않았다. 조선으로 돌아온 홍순언은 명나라 장군 이여송의 통역관이 되어 함께 전장을 누볐다. 가장 시급한 일은 평양성을 탈환하는 것이었다.

1593년 1월, 이여송이 이끈 명나라 군대와 조선의 연합군이 평양성을 탈환하면서 드디어 전세는 반전됐다. 이후 전란은 7년간 계속됐고, 명은 총 21만 명의 군사와 882만의 은화를 지원했다.

마침내 1598년 9월, 왜군이 철수하기 시작했다.

인연은 인연을 낳고

홍순언은 왜란이 끝난 해인 1598년에 자신의 임무를 다한 듯 세상을 떴다. 그러나 파병을 주장했던 석성은 막대한 군비소모의 책임을 지고 투옥됐다가 1599년에 결국 옥사하고 만다.

그로부터 400년이 지난 오늘, 조선을 도운 죄로 위험에 직면했던 석성의 후손들은 어떻게 되었을까? 그들은 지금, 우리나라에 있다. 경남 함양군 마천면 추성리에 살고 있는 석덕완 씨는 석성의 14대 손이다. 석성의 후손들은 그의 유언에 따라 조선으로 귀화했다. 가족들이 위태로워질 것을 염려한 석성이 옥사하기 전에 조선으로 귀화하라고 유언을 남긴 것이다. 그의 두 아들과 부인은 석성의 말을 따라 조선으로 넘어왔고 선조는 그들에게 해주 땅을 주어 정착하게 했다. 해주 석씨의 시작이었다.

해주 석씨의 시조이자 역관 홍순언을 여러 차례 도와준 석성의 초상.

하지만 곧 명이 멸망하고 청이 들어서자 해주 석씨 일가는 다시 위험에 처했다. 청나라 군사들이 명나라 유민을 모두 잡아들이기 위해 조선 땅을 샅샅이 뒤지고 다닌 것이다. 결국 석성의 후손들은 청나라 군사들을 피해 해주 땅을 등지고 지금의 지리산 자락에 들어와

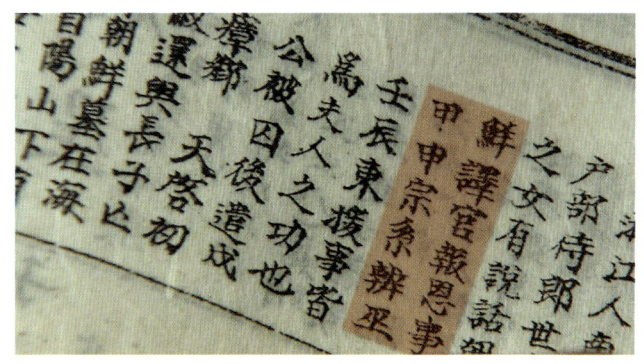
해주 석씨 족보에 남아 있는 홍순언에 관한 기록.

터전을 잡았다.

석성의 후손들은 조선 역관의 보은에서 비롯된 이 모든 역사를 기억하고 있다. 400여 년 전 어려움에 처한 한 여인이 있었고 그녀를 가엽게 여긴 의로운 남자가 있었다. 역사를 바꾼 것은 홍순언의 측은지심과 은혜를 잊지 않은 그녀의 마음이었다.

해주 석씨 말고도 우리나라엔 비슷한 이유로 귀화한 성씨들이 많다. 절강 시씨, 소주 가씨, 상곡 마씨, 절강 팽씨 등 모두 임진왜란 때 우리를 위해 싸운 명나라 장군의 후손들이다. 우리의 역사가 된, 우리의 과거이자 현재가 된, 귀한 인연들이다.

역사의 장대한 시간을 놓고 볼 때 찰나에 불과한 그 짧은 인연이 그들 개인과 가족뿐만 아니라, 나라의 운명까지도 바꾸어놓았다. 역사란 수많은 인연이 만든 씨줄과 날줄이 엮여서 결국 한 필의 비단을 만들어내는 과정이 아닐까? 그리고 그 씨줄과 날줄의 교차점엔 조선시대 외교의 최전방에서 활약했던 우리의 역관이 있었다.

어느 프랑스인이 남긴 단 네 쪽의 기록. 이것은 조선 무희에 관한 이야기다.
지금으로부터 114년 전,
조선의 궁중 무희였던 한 여자가 프랑스 파리로 건너갔다.
프랑스는 지금도 비행기로 10시간을 가야 할 정도로 우리나라에선 매우 먼 나라.
무려 1세기 전에 프랑스까지 간다는 것은 그야말로 엄청난 일이었을 것이다.
그런데 조선의 무희였다는 그녀는 어떻게 파리까지 가게 된 것일까?
우리의 역사가 기록하지 않은 한 조선 여자의 삶과 사랑,
기구한 운명의 순간들. 이제 그 이야기를 시작한다..

한국의 무희에서
파리의 연인으로
—리진

1905년에 한 프랑스인이 쓴 책《한국에서 *En Corée*》에는
조선 무희의 이야기가 실려 있다.
책은 그 무희의 이름을 '리진(Li-Tsin)'이라고 적고 있다.
'리진'이라는 조선 여자의 존재가 세상에 알려진 것은
이 한 권의 책이 유일하다.
도대체 무슨 사연이 있었기에 당시로서는 낯선 프랑스 책에
조선 무희의 이야기가 실리게 되었을까?
지금부터《한국에서》의 기록을 토대로 리진의 삶을 추적해보자.

조선의 '영혼의 꽃'

리진의 흔적을 찾기 위해 프랑스 파리에 있는 클로드 칼메트라는 사람의 집을 방문했다. 칼메트는 이폴리트 프랑댕(Hyppolite Frandin · 1890~1895), 바로 《한국에서》라는 책의 저자이자 1892년부터 2년간 프랑스 영사 겸 정부대표로 한국에서 근무했던 이의 후손이다. 그 집에서 가장 먼저 눈에 들어온 것은 서랍이 많이 달린 한국의 전통 장이다. 칼메트 씨가 자개장의 서랍문 하나를 열어서 앨범을 꺼내들었다. 100년도 더 된 사진첩 한 권이었다. 그 속에 한국식 관복을 입은 이폴리트 프랑댕이 서 있었다.

《한국에서》, 이폴리트 프랑댕 · 클레르 보티에 공저, 1905.

이어서 칼메트 씨는 책꽂이에서 책 한 권을 뽑아들었다. 이폴리트 프랑댕이 한국에 머무는 동안 직접 보고 들은 것을 기록한 《한국에서》였다. 책에는 한국의 문화와 풍습, 일상생활 등을 자세히 소개해 놓았다.

이 책에서 우리가 주목해야 할 부분이 바로 조선의 무희 '리진'에 관한 이야기다. 프랑댕은 자신이 직접 만나보았다는 리진에 대해 이렇게 적고 있다.

> 궁궐에 소속된 무희(舞姬)들 중 한 사람이 빼어난 미모로 유난히 돋보였는데, 유럽인이 보기에도 그녀는 정말 아름다웠다.
> 한 젊은 대리 공사(公使)가 그 여인의 우아한 매력에 완전히 마음을 뺏기고 말았다. 그는 고종에게 그 무희를 자신에게 양도해달라고 요청했으며, 왕은 너그럽게 이를 허락했다.

외국 공사의 마음을 사로잡을 정도로 리진은 빼어나게 아름다운 무희였다. 프랑댕 자신조차 그녀의 아름다움에 넋을 잃을 정도였다고 적고 있다.

프랑댕이 '영혼의 꽃(Fleur d'âme)'이라고까지 칭송한 리진. 그녀는 과연 누구일까? 프랑댕의 사진첩 안엔 그가 직접 찍었다는 한국의 어린 무희들의 사진도 들어 있다. 그중에 어쩌면 리진의 모습이 섞여 있을지도 모른다. 그러나 어떤 사진에서도 리진을 추정할 만한 단서는 보이지 않았다.

그렇다면 그녀에게 완전히 마음을 빼앗겼다는 외국 공사는 누구일까? 이폴리트 프랑댕은 그를 '한 젊은 대리 공사'라 부르며 그가 살아 있어 이름을 밝힐 수 없다고 했다. 이 대리 공사를 찾는다면 리진의 삶을 좇을 수 있지 않을까?

한국에서 근무했던 역대 프랑스 외교관들 중 문제의 대리 공사를

이폴리트 프랑댕이 찍었다는 한국의 무희들 사진.

찾아보기로 했다. 프랑스 외무부에서 만난 고문서 담당 도미니크 방두루스 레이스네는 "그가 누구인지 추적할 수 있다"고 단정했다. 그는 그렇게 보는 근거로 그 대리 공사가 한국에 두 번 주재했다는 책의 내용이 콜랭 드 플랑시(Collin de Plancy · 1853~1922)의 행적과 일치한다는 사실을 확인해주었다.

대리 공사란 말 그대로 대사의 임무를 대신 수행하는 외교책임자를 말한다. 프랑스 주한 외교관들 중 '대리 공사'의 직함을 처음 받은 사람이 바로 콜랭 드 플랑시. 그는 한국과 프랑스의 외교사에서 매우 중요한 인물이다.

콜랭 드 플랑시. 1888년 프랑스 초대공사로 한국에서 근무했다.

한국과 프랑스가 외교 관계를 맺은 것은 1886년이고, 그 이듬해 플랑시는 처음으로 한국을 방문했다. 당시 그는 양국의 조약비준서를 교환하는 임무를 맡고 있었다. 1888년에 프랑스 정부는 콜랭 드 플랑

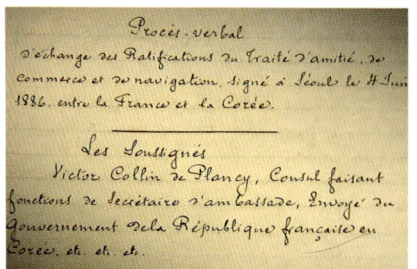

시를 한국의 초대 공사로 파견했다. 그 후 그는 2대 공사였던 프랑댕의 뒤를 이어 1896년에 다시 3대 공사로 임명된다.

문제의 대리 공사가 콜랭 드 플랑시라면 그에게 리진의 흔적이 남아 있지 않을까?

1887년 한불 외교관계를 처음 맺을 때의 조약 비준서와 비준서에 들어간 플랑시의 사인.

콜랭 드 플랑시와의 운명적 사랑

콜랭 드 플랑시의 흔적을 따라 그의 유품이 보관된 고향 마을, 트루아의 예술역사박물관을 찾았다. 박물관에는 놀랍게도 고종이 콜랭

트루아 예술역사박물관. 콜랭 드 플랑시의 유품이 보관돼 있다.

드 플랑시에게 수여한 대한제국의 훈장이 있었다. 그가 한국에서 얼마나 큰 역할을 했는지를 짐작케 한다. 그런데 이보다 더 눈길을 끄는 유품이 있었다. 젊은 한국 여인의 도자기상이다. 박물관 측에 따르면 조각상은 1900년에 열린 파리 만국박람회에서 소개됐던 것으로, 박람회장 안의 콜랭 드 프랑시가 세운 한국관에서 판매했다고 한다.

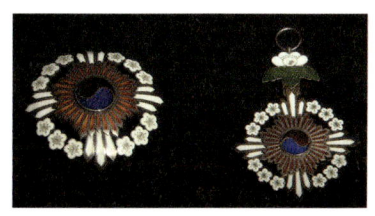
고종이 콜랭 드 플랑시에게 수여한 대한제국 훈장.

콜랭 드 플랑시가 소장했던 한국 여인의 도자기상.

콜랭 드 플랑시는 1903년 클레르제(O. Clerget)라는 조각가에게서 이 한국의 여인상을 선물받아서 죽는 날까지 간직했다. 그 마음이 바로 리진을 향한 것은 아니었을까?

프랑스 초대공사였던 콜랭 드 플랑시는 한국에서 '우아한 파리의 연인' 과도 같은 리진을 만났지만, 얼마 후 발령을 받아 다시 유럽으로 돌아가야 했다. 젊은 한국 여인의 품성에 나날이 반해가던 그는 차마 리진과 헤어질 수 없었다. 결국 콜랭 드 플랑시는 리진과 함께 프랑스로 떠나기로 결심한다. 그리고 그녀와 결혼할 것임을 밝힌다. 《한국에서》에는 콜랭 드 플랑시가 리진을 "한국의 여신 같은 존재이며, 파리에서도 천사처럼 대우받을 것"이라고 말했다는 대목이 나온다.

리진은 말없이 콜랭 드 플랑시의 결정에 따랐다. 그녀의 운명이 달라지는 순간이었다. 드디어 1891년에 콜랭 드 플랑시를 따라 한국을 떠난 리진은 도쿄에서 주일프랑스공사로 근무했던 콜랭 드 플랑시와

1년 8개월을 보냈다. 그 후 다시 도쿄를 출발해 상하이, 싱가폴, 스리랑카 등지를 거친 40일간의 항해 끝에 마침내 지구 반대편의 낯선 나라 프랑스에 도착했다.

지금이야 해외여행도 자유롭고 국내에서도 외국인을 접할 기회가 많지만, 리진이 떠날 당시는 조선이 서양에 문을 연 지 채 10년도 안 됐을 때다. 대부분의 조선인들에게 서양이란 곳은 상상조차 되지 않는 낯선 세계였고, 더구나 서양 사람을 처음 본 충격이란 이루 말할 수 없는 것이었다.

당시 조선인들에게 서양은 두려움 그 자체였다. 콜랭 드 플랑시가 조선에 부임한 1888년에도 서양 사람이 아이들을 납치해 팔아먹는다거나 심지어 잡아먹는다는 소문까지 돌았고, 겁에 질린 주민들이 외국인을 폭행하거나 살해하는 일까지 있었다. 이럴 때 프랑스로 떠나야 했던 조선의 무희 리진. 파리로 간 그녀의 삶은 과연 어땠을까?

파리를 활보하던 최초의 근대여성

1893년 5월 4일. 리진과 콜랭 드 플랑시는 마르세유에서 파리로 가는 기차를 탔다. 당시 프랑스는 나라 전체에 철로가 뻗어 있어서 기차가 다니지 않는 곳이 거의 없었다. 난생 처음 기차에 몸을 실었던 리진의 충격은 얼마나 컸을까.

기차는 미래로 질주하는 서구 사회의 꿈과 열망을 싣고 있었다. 그

파리 부감.

변화의 한복판에 있었던 프랑스 파리. 그곳이 바로 리진이 만난 신세계였다. 파리는 '벨 에포크(Belle Epoque; 아름다운 시대)'라 불리며 황금기를 누리고 있었다. 문화와 예술이 꽃피었고, 경제적으로도 풍요로웠다.

리진의 눈에 비친 파리는 어떤 모습이었을까? 그녀보다 8년 먼저 파리를 찾았던 조선 최초의 유학생 유길준은 당시 파리의 모습을《서유견문》에 이렇게 기록했다.

> 시내에는 누대(樓臺)와 시장이 바둑판처럼 즐비하고, 연못과 정원이 별자리처럼 흩어져 있는데, 도로의 청초함과 가옥의 화려함이 세계의 으뜸이다. 런던처럼 웅장하거나 뉴욕처럼 부유한 도시도 파리에는 사흘 거리쯤 뒤떨어진다. —《서유견문》제20편 '프랑스의 여러 대도시' 중 '파리'

리진과 콜랭 드 플랑시가 살았던
바빌론가 58번지.

리진과 콜랭 드 플랑시는 파리 7구역에 있는 바빌론가 58번지에서 새로운 생활을 시작했다. 프랑스 외교관과 조선 무희의 신분으로 만났지만 두 사람은 행복했다. 콜랭 드 플랑시는 미리 약속했던 대로 리진을 아내로 맞았다.

파리는 리진의 삶을 송두리째 바꾸어놓았다. 거리에서 마주치는 모든 것이 리진에게는 새로운 충격이었다. 리진의 집에서 5분 거리에 있는 봉마르셰 백화점은 프랑스 최초의 백화점으로 당시 파리 여성들에게 큰 인기를 모았다. 백화점은 빠르게 성장하는 자본주의의 상

리진의 집에서 5분 거리에 있는 봉마르셰 백화점.

징이었다. 유럽의 수도로 문명의 첨단을 달리던 파리에는 봉마르셰 외에도 프랭탕, 갈레리, 라파예트 같은 대형 백화점들이 앞 다투어 들어섰다. 그런 대형 백화점들은 당대 건축 양식의 대명사가 되기도 했는데 바로 '아르누보' 라는 건축 양식이다. 소르본 대학에서 근대사를 가르치는 에릭 망숑 리고 교수에 따르면 "백화점들은 성당의 건축 양식을 모방하여 웅장한 조명과 계단을 만들고, 매우 화려하고 다양한 여성 패션 잡화들을 판매했다." 파리는 그야말로 사치스럽고 즐거움이 넘치는 예술의 도시였다.

눈부신 물질문명과 더불어 리진을 더욱 깨우친 것은 파리의 지성이었다. 콜랭 드 플랑시는 가정교사를 들여 리진이 불어를 배울 수 있도록 도왔다. 그녀는 매우 빨리 배웠으며, 그 적응 능력에 교사들도 감탄할 정도였다고 한다.

언어는 지식의 통로였다. 리진은 불어를 통해 프랑스적 가치들을

리진의 집 가까이에 있던 파리 외방전교회. 김대건 신부의 사진과 조선의 성경책이 보관되어 있다.

접해나갔다. 특히 그녀를 감명시킨 것은 기독교였다.

리진의 집 가까이에는 아시아 지역에 복음을 전파하는 파리 외방전교회가 있었다. 이곳에서 파견된 많은 신부들이 한국에서 선교 활동을 펼쳤다. 성당 안의 '순교자의 방'에는 김대건 신부의 사진과 조선에서 나온 성경책이 전시되어 있다. 한국과 관련된 자료들 중 눈길을 끄는 것은 여성 신도들의 사진이다. 성당에서 만난 질 레이팅제 신부는 "여성들이 복음을 더 잘 받아들이고 믿음이 매우 신실했는데 한국의 여성들은 특히 그런 경향이 강했다"고 설명했다.

조선의 여성들은 인격적으로 대우받지 못했다. 그들에게 자신의 존재는 없었다. 그들의 삶은 늘 누군가의 부인 혹은 어머니로서만 존재했다. 그런데 이때 기독교는 여성들에게 개개인이 고유한 인격을 가진 개별적인 독립체라는 것을 인식시켜주게 된다.

파리 외방전교회에 보관돼 있는 조선의 여성 신도들 사진.

인간의 자유와 평등에 대한 가르침은 리진에게 매우 충격적인 것이었다. 특히 프랑스는 법률적으로 모든 시민의 권리가 보장된 나라였고, 정치적으로도 스위스와 함께 유일한 공화국이었다. 유럽의 다른 국가들은 그때까지도 대부분 군주제를 유지하고 있었고, 독일 제국과 오스트리아 제국, 헝가리 제국처럼 제국의 형태를 유지하는 나라도 있었다. 반면에 프랑스는 공화국이라는 독특한 정치 형태를 통해 자유와 평등이라는 프랑스 혁명의 가치를 추구했다. 이는 조선 사회에선 상상할 수 없던 것들이다.

리진은 파리에서의 경험을 직접 글로 썼다고 하는데 안타깝게도 그 기록은 현재 남아 있지 않다. 리진은 프랑스의 법과 기독교의 사상에 크게 감명 받았다. 파리는 리진의 삶과 정신, 그녀의 모든 것을 바꾸어놓았다. 스스로에 대해 눈을 뜨고, 한 인간으로 새롭게 태어났다. 그리고 예술가로서의 숨은 자질을 유감없이 발휘했다.

> 이 천재적 정신의 소유자는 우리나라(프랑스)의 법률을 배우고 기독교의 평등사상에 열광했으며…… —《한국에서》중에서

김경일 한국학중앙연구원 사회학 교수는 리진의 이런 변화를 '자의식'의 탄생으로 설명한다. "궁전 안에서 춤추는 댄서는 자기 몸이 기본적으로 남에게 비춰지기 위한 것이라는 생각을 갖고 있다가, 프랑스에서 근대적인 사상과 문물의 세례를 받고 난 후 '이 몸이 내 것이구나' 하는 자의식이 생겼을 것"이라는 말이다.

1920년대 소위 신여성이라 불렸던 여성들의 사진을 보면 트레머리

를 하고, 양산이나 숄 등을 즐겨 썼다. 당시로서는 파격적인 의상이나 머리 모양 등을 통해 이 신여성들은 서구 근대문물에 대한 열망과 적극적인 수용의지를 보여주었다. 신여성을 대표하는 나혜석과 윤심덕 같은 이들은 모두 시대를 앞선 선각자 같은 존재였지만, 또 그만큼 순탄치 않은 생을 살았던 사람들이다.

그런데 리진은 이들보다 무려 30여 년 전에 서구 사회를 경험했다. 그런 점에서 우리나라 최초의 근대여성이 바로 리진이었다고 볼 수 있지 않을까.

조선 여인의 파리 사교계 진출

콜랭 드 플랑시의 첫 이력은 중국어 통역관이다. 동양어대학에서 중국어를 전공한 그는 '갈림덕(葛林德)'이란 한자 이름을 지어 썼을 정도로 동양 문화에 관심이 많았다. 그리고 수집한 책마다 '갈' 자를 표시하곤 했다.

플랑시는 동양의 많은 책들을 수집했다. 그중에는 한국에서도 찾기 어려운 책들이 상당수 포함돼 있었다. 한국, 일본, 중국과 같은 극동 국가들에 관한 서적이 약 170권 정도 된다. 프랑스어 서적도 있고, 다른 유럽 국가나 미국에서 출판된 것들도 있다.

플랑시는 자신의 중국어 이름을 갈림덕(葛林德)이라 짓고 낙관을 만들어 수집한 책마다 '갈' 자를 표시하곤 했다.

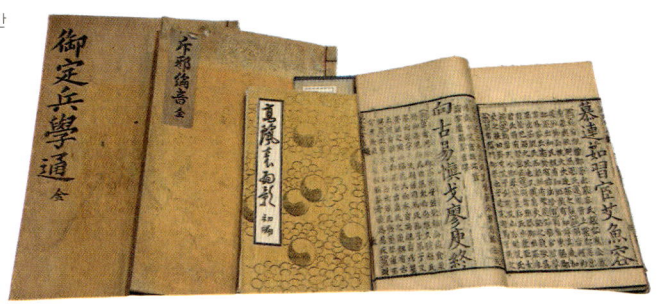

콜랭 드 플랑시가 수집해간
다양한 동양의 책들.

극동 국가의 서적도 30여 권 있는데,
그중 일부는 한국에서 인쇄된 것들
이다.

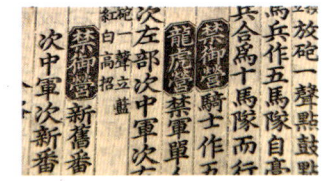

플랑시가 수집해간 정조 때 편찬된 병법서
《어정병학통》.

그가 가져간 한국의 서적 중에는
정조 때 편찬된 병법서 《어정병학통
御定兵學通》도 있다. 정조의 명으로 편찬된 이 책은 18세기 후반, 한성에 주둔한 네 개 군영의 훈련 절차를 정리한 것이다. 또 세계 최고(最古)의 금속활자본인 《직지》도 포함돼 있다. 직지의 가치를 한눈에 알아봤을 만큼 그는 동양과 한국에 대한 이해가 깊었다.

전 콜레주 드 프랑스의 한국학연구소장인 마크 오랑주의 보충 설명에 따르면 "그런 책들을 수집하는 것은 전혀 공적인 업무가 아니었

한국을 찾았던 프랑스 인류학자
샤를르 바라.

한국을 찾았던 프랑스 군의관 위베르 쥐베.

19세기 말 파리에서 동양 여행이 붐을 이루었을 때 한국에 대한 관심도 예외는 아니었다.

다"고 한다. 외교관의 업무 중에 물건들을 수집해오는 것은 없었다는 것이다. 그럼에도 그 많은 책을 수집한 이유는 "콜랭 드 플랑시가 중국에 거주한 경험이 있어서 아시아 문화에 대해서 잘 알고 있었고, 한국인들이 만들어낸 것들에 무척 경탄했기 때문"이라고 설명했다.

콜랭 드 플랑시 외에도 당시 많은 프랑스인들이 한국에 대해 관심을 보였다. 샤를르 바라(Charles Varat · 1832~1893) 같은 인류학자와 위베르 쥐베(Hubert Zuber · 1847~1886) 같은 군인들이 한국을 다녀갔고, 한국의 문화를 서양에 알리는 데 앞장섰다. 이들이 보고 전한 많은 이야기들은 동양에 대한 더 큰 호기심과 환상을 부르기도 했다.

19세기 말, 프랑스에서는 동양의 여행기가 붐을 이루었다. 여행가들은 여행지에서 수많은 이야기들을 가져왔고, 때때로 그것들을 책으로 출판하기도 했다. 우리나라에 관한 책도 적지 않았는데, 《한국에서》라는 똑같은 제목의 책만 해도 세 종류가 출간되었다. 또 우리의 대표적 고전소설인 《춘향전》도 불어로 번역, 소개되었다. 그만큼

19세기말 프랑스에서 출간된 한국 여행기들.

한국 문화에 대한 관심이 절정에 달해 있었다.

'동양'은 당시 프랑스 상류사회의 가장 큰 화두였다. 프랑스인들은 카페에 모여 자신들의 경험을

프랑스 상류사회의 지성들이 모여 토론의 장을 열었던 19세기 말 카페의 풍경.

나누고, 토론의 장을 열었다. 카페는 파리의 모든 지성들이 모이는 열린 공간이었다. 문학과 철학, 정치와 이념이 카페에서 피어났다. 그리고 '동양'이라는 미지의 세계는 카페의 지성들을 더욱 자극했다.

프랑스 외교관을 남편으로 둔 리진도 이런 파리 상류사회의 분위기를 쉽게 접할 수 있었다. 더욱이 리진은 극동의 나라에서 온 여성. 이 사실 하나만으로도 그녀는 주목받기에 충분한 존재였다. 리진은 파리의 사교모임에서 상류 계층과 자주 어울렸고, 많은 프랑스인들

을 만났다. 어느 자리에서나 리진은 돋보였고, 사람들의 관심 속에 있었다.

낯선 문화 속의 이방인

그런데 언제부턴가 리진의 얼굴에서 웃음이 사라졌다. 프랑댕은 이 시기에 그녀가 육체적 열등감에 시달리고 있었다고 말한다.

> 리진은 자신이 매일 만나는 서양 여인들에 비해 육체적으로 열등하다는 사실을 깨닫게 됐다. —《한국에서》 중에서

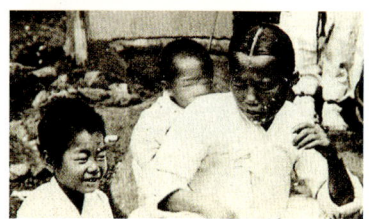

파리의 여성들(위)과 달리 조선의 여성들(아래)은 인격적 대우를 받지 못했으며, 자기 자신이 아닌 누군가의 아내 혹은 어머니로서만 존재했다.

김경일 교수는 그런 변화에 대해 리진의 마음속에 "서구문명이 가지는 압도적인 위용과 더불어 그것을 건설했던 주체로서의 서양인들에 대한 신체적 열등감, 혹은 그에 대한 자기비하감 같은 것들이 생겨난 게 아닐까"라고 추측한다.

서구에 대한 이해가 깊어지자 그들의 신체가 달리 보이기 시

프랑스 최고의 동양 전문 박물관인 기메 박물관. 이곳 한국관에 콜랭 드 플랑시가 가져온 가구들이 있다.

작했다는 것이다. 리진의 눈에 보이는 모든 여자들은 자신과 다른 몸을 가지고 있었다. 파리의 여성에 비해 조선의 여성은 작고 초라한 존재로 여겨졌을 것이다. 파리를 동경할수록 조선은 미약한 나라가 되었다. 프랑댕은 리진이 심각한 우울증에 빠져 있었다고 전한다.

> 안락의자에 푹 파묻힌 이 가련한 한국 여인은 너무나 야윈 나머지, 마치 장난삼아 여자 옷을 입혀 놓은 한 마리 작은 원숭이 같아 보였다.
>
> —《한국에서》중에서

힘들어하는 그녀를 위해 콜랭 드 플랑시는 파리에 한국식 규방을 만들어주었다. 프랑스 최고의 동양 전문 박물관인 기메 박물관 한국관에 리진의 규방의 흔적들이 남아 있다. 흥미로운 점은 기메 박물관

리진의 규방을 장식했던 한국 가구들. 기메 박물관 한국관 소장.

의 한국관을 세운 사람이 바로 콜랭 드 플랑시라는 사실이다. 한국관에는 1893년에 콜랭 드 플랑시가 가져온 가구들이 있다. 태극무늬 칠보 장롱 등 여성용 가구들로 리진의 한국식 규방을 채웠던 것들이다. 자신을 잃고 방황하던 리진에게 콜랭 드 플랑시는 뭔가 해주고 싶었을 것이다.

그러나 남편의 노력에도 불구하고 리진의 우울증은 나아지지 않았다. 남편이 만든 규방은 분명 익숙한 것이었지만 이제는 낯설게만 느껴졌다. 규방은 파리와는 어울리지 않는 것이었다. 리진은 자신이 더 이상 파리와 어울릴 수 없다는 것을 느꼈다. 그녀는 파리의 이방인이었다.

무엇이 그녀를 그토록 힘들게 했던 것일까?

어느 날 갑자기 낯선 환경에 처하게 됐을 때 사람들은 누구나 예기치 못한 변화에 당황하게 된다. 처음에는 오히려 호기심을 가지고 쉽게 적응할 수도 있지만, 시간이 지날수록 의욕을 상실하고 정체성의 혼란을 겪기도 한다. 낯선 문화 안에서 자신은 결국 이방인일 수밖에 없다는 한계에 부딪히기 때문이다. 정신분석학에서는 이런 상태를 '문화충격 적응장애'라고 부른다. 리진도 아마 이런 혼란 상태에 빠졌던 것이 아닐까? 그 후 그녀의 삶은 어떻게 달라졌을까?

거스를 수 없는 '관비'의 운명

파리로 떠나온 지 4년 만에 리진은 다시 조선으로 돌아간다. 1896년, 남편 콜랭 드 플랑시가 주한 프랑스 3대공사로 임명된 것이다. 리진을 만났던 첫 번째 근무에 이어 두 번째 한국 생활이었다.

그런데 다시 돌아온 리진에게 이해할 수 없는 일들이 벌어졌다. 그녀가 돌아왔다는 소식을 알리지도 않았는데, 어디선가 고위 관료가 나타나 리진을 데리고 갔다. 콜랭 드 플랑시는 리진이 끌려가는 것을 지켜볼 수밖에 없었다. 당시를 기록한 프랑댕은 리진이 돌아간 곳이 '왕실 무희단(royal des danseuses)' 이라고 밝히고 있다.

리진이 몸담았다는 왕실 무희단은 아마도 장악원(掌樂院)을 뜻할 것이다. 장악원은 조선시대의 궁중의식에서 음악과 춤을 담당하는 무희와 악공들이 소속돼 있던 기관이다. 국가의 주요행사나 궁중연회가 있을 때마다 장악원의 무희들이 공연을 선보였다.

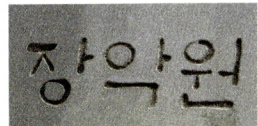

서울시 을지로2가에 있는 장악원 표석. 서인화 국립국악원 학예연구사에 따르면 원래는 서부 여경방 자리에 있었는데 임진왜란 이후에 지금의 자리로 이전했고, 러일전쟁 무렵까지 이곳에 있었다는 기록이 남아 있다고 한다.

그런데 이 무희들은 여기(女妓), 즉 기생이었다. 조선의 법전인 《경국대전》은 이들이 지방 관아의 노비 중에서 선발된다고 규정한다.

기생은 관에 소속된 노비였다. 노비계층이라고 해서 공노비라고 부르거나, 관에 소속돼 있다고 해서 '공가지물(公家之物)'이라고도 불렀다. 공적 기관에 소속된 물건 취급을 한 것이다. 물건이라는 건 이들이 최하층 노비라는 걸 말해준다. 조선의 무희였던 리진은 결국 노비의 몸이었다. 리진이 노비 신분이었다는 사실은 프랑댕의 글에도 분명하게 나와 있다.

그 무희의 신분은 본질적으로 노예였다. —《한국에서》중에서

무희는 관에 소속된 관비였다. 리진도 다르지 않았다.
프랑댕이 촬영한 무희의 사진.

노비의 삶은 나라의 것이었다. 리진도 다르지 않았다. 외교관의 부인으로 돌아왔지만 리진은 다시 관가의 기생이 되어야 했다. 그녀에게 다른 길은 없었을까?

1907년 12월 14일자 〈대한매일신보〉의 기사를 보면 그때까지도 관기들이 계속 활동했던 것을 알 수 있다.

관기 등 100여 명이 경성고아원 경비를 마련하기 위하여 자선연주를 개최하여 수익을 기부할 터이옵고……

기생들은 조선의 마지막 순간까지 국가의 행사에 불려 다니며 무희로서 의무를 다해야 했다. 공식적으로는 신분제가 사라졌지만 그녀들에겐 관습의 굴레가 여전했다.

신현규 중앙대학교 교양학부 교수는 이처럼 관기제도가 엄연히 존재하던 상황에서 "리진이 돌아오자 앙심을 품고 있던 고위 관료가 원

래 기적(妓籍), 즉 기생의 호적에 올라 있던 리진을 다시 복귀시켜야 한다는 명분을 내세울 수도 있었을 것"이라고 해석했다.

리진은 다시 궁궐의 무희가 되었다. 파리에서 찾은 그녀의 삶도 사라져갔다.

그런데 여기서 이해가 가지 않는 것은 남편인 콜랭 드 플랑시의 태도다. 그는 리진이 끌려가는 동안에도 그저 지켜만 보고 있었던 듯하다. 만약 그가 좀 더 적극적인 태도를 취했다면 리진이 다시 무희로 돌아가는 것을 막을 수 있지 않았을까? 그런데도 그냥 가만히 있었던 걸 보면, 그가 리진을 버린 것은 아닐까 하는 의구심마저 든다.

그러나 한편으론 다르게 생각해볼 수 있지 않을까? 1890년 3월 14일 콜랭 드 플랑시가 프랑스에 보낸 보고서 '한국의 노예제도'에는 19세기 말 조선의 노비문서가 포함되어 있었다. 보고서에 그는 이렇게 적고 있다.

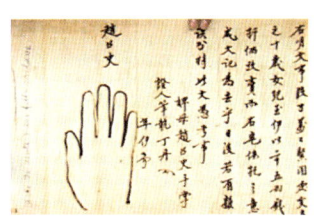
콜랭 드 플랑시가 프랑스에 보낸 보고서 '한국의 노예제도'에 들어 있던 조선의 노비문서.

> 이런 야만적인 관습은 사라져야 합니다. 하지만 의외의 사건이 발생하지 않는 한 현재의 관습을 버리고 문명화의 길을 걷게 되리라고 예상하기 힘듭니다.

이처럼 콜랭 드 플랑시는 조선의 노비제도에 대해 강한 문제의식을 가지고 있었다. 그래서 리진이 노비 신분이라는 것을 알면서도 결혼까지 했던 것이다. 그런 그가 왜 리진을 떠나 보내야 했을까?

파리로 인해 살고, 파리로 인해 죽다

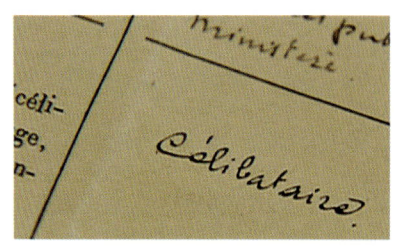

최초로 공개된 콜랭 드 플랑시의 인사기록에는 그가 죽을 때까지 독신이었다고 나와 있다.

프랑스 외무부가 콜랭 드 플랑시의 인사기록을 최초로 공개했다. 그의 이력과 직무, 가족사항이 모두 기록된 문서다. 여기서 의외의 사실을 발견했다. 그가 독신(Célilataire)이라고 기록되어 있는 것이다.

인사기록을 들추어 보여주던 고문서 담당관은 "우리가 가지고 있는 콜랭 드 플랑시의 개인 서류기록에서는 한국 여성과 결혼했다는 어떠한 흔적도 찾을 수 없다"고 설명했다. 그러니까 콜랭 드 플랑시가 그 여성과 결혼을 했는지 안 했는지는 확인할 수 없다는 것이다. 그러면서 그녀는 어쩌면 프랑댕이 잘못 알았을 수도 있다고 말했다.

공식적으로 콜랭 드 플랑시는 결혼하지 않은 것으로 되어 있는 것이다. 남아 있는 마지막 인사기록은 1902년, 그러나 이때까지도 콜랭 드 플랑시는 결혼을 하지 않은 것으로 되어 있다.

어찌된 영문일까? 한불 외교사에 정통한 마크 오랑주 교수는 항상 첩보전에 노출될 위험이 있는 콜랭 드 플랑시와 한국 정부에 소속된 무희의 결혼이 형식적으로 쉽지 않았을 거라고 설명했다. "한국 정부에 소속된 여자가 프랑스 외교관과 결혼하면 같이 살면서 얻은 정보를 조국으로 빼돌릴지 모른다는 의심을 살 수 있었다"는 것이다. 그런 점에서 "프랑스 입장에선 두 사람의 결혼 자체가 대단히 위험스런 문제였다"고 교수는 덧붙였다.

외교관이었던 콜랭 드 플랑시가 리진과 결혼하려면 정부의 허가를 얻어야 했다. 리진이 국가에 소속된 신분임을 생각할 때 이는 사실상 불가능한 일이었다. 그런 이유로 콜랭 드 플랑시는 리진과 정식 결혼을 할 수 없었다. 그리고 그녀가 끌려가는 것을 막을 수도 없었다.

운명은 가혹했다. 리진은 다시 조선의 무희가 되었다. 그러나 파리의 근대를 경험한 그녀에게 '무희로서의 삶'은 받아들일 수 없는 현실이었다. 파리에서 리진은 이미 한 인간으로, 그리고 예술가로 다시 태어났던 것이다.

> 외국인과 결혼했다고 해도 노예 신분에서 자유로워지지 않았다. 문명사회의 도덕에 깊이 매료되었던 리진은 다시 던져진 사슬에 자신의 영혼이 상처받는 것을 용납할 수 없었다. 결국 그녀는 금조각을 삼키고 스스로 목숨을 끊었다. —《한국에서》중에서

리진은 파리로 인해 살았고, 파리로 인해 죽었다. 그녀에게 조선은 눈과 귀가 막힌, 닫힌 세계였다. 더 이상은 버틸 수 없었던 리진. 그녀의 마지막 선택은 자살이었다.

너무 일찍 앞선 시대를 살았고, 혼자서 그 엄청난 경험을 감당해야 했던 리진에게 더 이상의 출구는 보이지 않았다. 비록 불행하게 짧은 생을 마감했지만, 그녀는 자신에게 다가온 운명을 기꺼이 받아들였고 그것을 자신의 삶으로 만들었다. 조선의 무희로서 자신의 삶에 치열했던 리진은 최초의 근대여성이었다. 그것이 우리가 리진을 기억해야 하는 이유다.

781년. 당나라 황실에 급보(急報)가 날아든다.
당대 최강의 10만 대군이 제음으로 이동해
대대적인 군사훈련을 시작할 것이라는 소식이었다.
당 조정은 경악했다. 국가의 존망이 걸린 사태가 기어이 벌어지고 만 것이다.
10만 대군의 집결지는 제음벌판. 갑작스런 병력 이동이었다.
이동 행렬의 끝은 보이지 않았다. 군사들의 집결지 제음벌판은
당의 동쪽 수도인 낙양까지 단 며칠 만에 도착할 수 있는 거리였다.
10만 대군이 노리는 것은 당 조정.
이들을 이끌며 황제의 목에 칼을 겨누고 있는 사람은 바로 고구려 유민 이정기였다.
고구려 패망 64년 후 등장한 이정기. 그것은 또 다른 고구려 역사의 시작이었다.

중국대륙 속의
고구려 제왕
— 이정기

우리 역사에서는 접할 수 없었던 낯선 이름, 이정기.
국내에 남아 있는 이정기에 대한 기록은
최남선의 《국민조선역사國民朝鮮歷史》에 나와 있는 한 줄의 문장이 전부다.

중국 내 광대한 지역을 총괄했던 고구려 유민

이처럼 중국 내 광대한 지역을 총괄했던 고구려 유민 이정기를
우리 역사는 기억하고 있지 않지만, 중국의 역사 속에는
고구려 유민 이정기와 그가 세웠던 왕국이 있다.
《자치통감資治通鑑》부터 《유양잡조酉陽雜俎》, 《문헌통고文獻通考》,
《책부원귀册府元龜》, 《신당서新唐書》, 《구당서舊唐書》까지,
이 책들은 모두 중국의 역사서다.
이 모든 책에 이정기에 대한 내용이 선명하게 나와 있다.
특히 당나라의 정사(正史)를 기록한 《구당서》에서는
열전으로까지 분류하며 이정기에 대해 자세히 다루고 있다.
그 첫 문장은 "이정기는 고구려인이다"로 시작된다.
《구당서》는 이정기를 대단히 두려운 존재로 그리고 있는데,
실제로 당나라를 위협했던 그의 힘은 막강했다.

대륙을 호령했던 고구려 유민

776년 어느 날, 당 황실은 고민에 빠졌다. 이정기가 황제의 명령을 어겨가며 다시 영토를 확장하기 시작했기 때문이다. 이정기의 존재 앞에 당은 무력했다. 이날 황실이 마련한 대책은 이정기에게 동중서문하평장사(同中書門下平章事), 즉 당나라 최고 관직인 재상 직을 주는 것이었다.

그때까지 이정기가 받은 관직은 화려했다. 그가 당을 위협할수록 당 황제는 더 높은 관직을 주어 그를 달랬다. 황족에게만 주어지던 군왕(郡王)의 지위도 그의 몫이었다. 이정기보다 높은 사람은 이제 황제 한 사람뿐이었다.

그러나 이정기의 궁극적 목표는 당나라의 신하가 아니었다. 지배

> **당 황제가 이정기에게 내린 관직들**
> - 평로치청절도관찰사(平盧淄青節度觀察使)
> - 해운압신라발해양번사(海運押新羅渤海兩蕃等使)
> - 검교공부상서(檢校工部尙書)
> - 청주자사(青州刺史)
> - 검교상서우복사(檢校尙書右僕射)
> - 요양군왕(饒陽郡王)
> - 검교사공(檢校司空)
> - 동중서문하평장사(同中書門下平章事)

이정기가 세운 제국의 수도였던 산둥성 청주시.

선 연세대학교 역사문화학과 교수는 이정기 저항의 근원을 "고구려인으로서의 정체성"으로 설명한다. 이정기가 당나라로부터 많은 관직을 받았으면서도 당나라에 대한 저항의 자세를 굽히지 않은 이유는 "이정기 자신이 고구려 유민이고 이정기 휘하의 많은 사람들이 고구려 유민으로서 정체성을 가지고 당과 대항한 측면이 매우 강했기 때문"이라는 것이다.

산둥반도의 역사도시 청주(青州)는 이정기가 다스리던 영토의 수도 역할을 했던 곳이다. 1200년 전, 대륙을 호령했던 이정기의 흔적이 아직도 그곳에 남아 있을까? 쇠락한 도시 한복판에 오래된 성 하나가 서 있다. 청주성이다. 보수에 보수를 거쳐 지금의 모습을 하고 있다는 이 성의 주인이 바로 이정기였다. 청주는 과연 이정기를 기억하고 있을까?

이정기의 흔적을 더듬어서 찾아간 청주성 박물관은 성의 한쪽 모퉁

청주성.

이에 있었다. 청주성 박물관은 당 시대 이후의 유물들을 보존, 전시하는 곳이지만 당나라의 유물은 몇 점 되지 않는다. 남아 있는 유물들로 이정기의 흔적을 유추할 수는 없다.

청주성 박물관에 걸려 있는 이정기에 대한 소개 글. 이정기의 번진이 청주에 있었을 때 청주, 치주…… 등 열다섯 개 주를 장악했다는 내용이 적혀 있다.

그런데 안내를 받아 따라간 곳에 놀랍게도 이정기의 이력을 적어 전시한 것이 보였다.

> 이정기의 번진이 청주에 있었을 때 청주, 치주…… 등 열다섯 개 주를 장악했다.

이정기는 당시 청주시의 영웅이었던 것이다. 중국의 역사도시 청주가 고구려인 이정기를 이렇게 특별하게 기억하는 이유는 과연 무

청주성 둘레를 흐르는 연못. 해자의 흔적으로 너비만 10미터에 이른다.

엇일까? 샤밍차이 전 청주성 박물관장에 따르면 "이정기가 통치하던 시기야말로 청주가 역사상 가장 강성하고, 영토가 가장 넓었을 때"였다고 한다. 실제로 이정기의 영토는 현재의 산둥성 외에 현재 하북의 창주, 하남의 북양, 안휘의 일부, 강소 전체, 회하의 이북 지역까지 포함됐다.

청주성 주변에는 적의 접근을 막기 위해 성 주위에 파놓는 연못인 해자(垓子)의 흔적이 남아 있는데 그 너비만도 10미터가 넘는다. 이 단단한 성의 주인이었던 이정기는 자신의 영토를 굳건히 지키며 더 멀리 뻗어나갔을 뿐 아니라, 단 한 번도 빼앗긴 적이 없었다. 이정기는 당의 신하이면서, 청주를 중심으로 산둥반도 전역을 다스렸던 독립왕국 치청(淄靑)의 제왕이었다.

이정기는 자신의 뜻에 따라 문무백관을 임명했고 자체적인 법률을 집행했으며, 세금을 걷어서는 한 푼도 조정에 바치지 않았다. 이정기가 하는 모든 일은 황실의 존망마저 위협하는 것이었다.

이정기의 치청 번진이 하는 모든 일이 당 조정의 근본을 위협했다.

―《산동통사》

번진(藩鎭)은 당나라 때 변방에 설치하여 군대를 거느리고 그 지방을 다스리던 관아로, 사실상 독립적인 군사집단이었다. 왕싸이스 산둥성 사회과학원 박사는 "당 조정이 모든 군대를 동원해 반란을 진압한 후 가장 그 세력이 강성해진 곳이 바로 이정기의 치청 번진으로, 당시 당나라를 위협하는 큰 적"이었다고 설명한다.

황제를 포함해 당나라의 모든 권력자들이 이정기를 두려워했다. 《자치통감》에는 한때 다른 지역의 절도사였던 '전승사'라는 인물이 이정기에게 대항한 적도 있지만, 이정기의 파죽지세에 몰려 이내 항복의 뜻을 표했다는 에피소드가 전한다. 이정기의 군대가 두려웠던 전승사는 이정기의 사신에게 후한 예물과 서한을 전달했다. 서한에는 자기 영토의 인구와 군사 숫자, 재물과 식량의 규모를 기록하고, 그 모든 것이 이정기의 것이며 자신은 잠시 보관하고 있을 뿐이라고 적었다. 또 돈과 보물이 필요하다면 얼마든지 줄 테니 군대를 자신의 영토로 보내지 말아달라고 부탁했다. 그리고 자신은 곧 이정기의 신하임을 밝힌 다음, 이정기의 초상화를 걸어놓고 그 앞에 향을 피우고 절을 했다. 이는 바로 황제를 대하는 예법이었다.

이정기의 초상화를 걸어놓고 분향을 했다. ―《자치통감》

용교를 막아 당의 숨통을 조이다

수많은 전투에서 패한 적이 없는 이정기라는 이름은 중국대륙 전체를 두려움에 떨게 했다. 16년 동안 그의 병력은 3만 명에서 10만 명으로 늘어났다. 그가 전투를 치르며 키워낸 군사는 당대 최강이었다.

최강의 군대를 기반으로 이정기는 영토를 확장해가기 시작했다. 이정기가 처음 다스리던 지역은 9개 주였지만 불과 10년 사이에 무려 6개의 주를 추가로 점령해버린다. 그 15개 지역 가운데 서주 지역의 용교(埇橋)를 차지한 것은 철저하게 당 황실의 숨통을 조이기 위한 전략이었다.

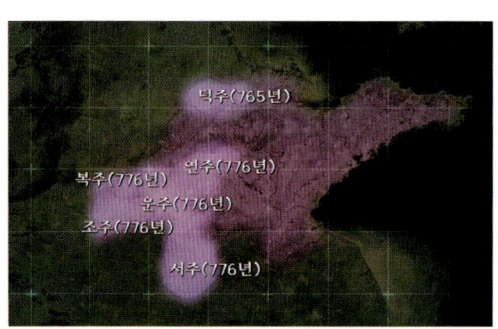

765년부터 776년 사이에 이정기가 추가로 점령한 산둥성 6개 주

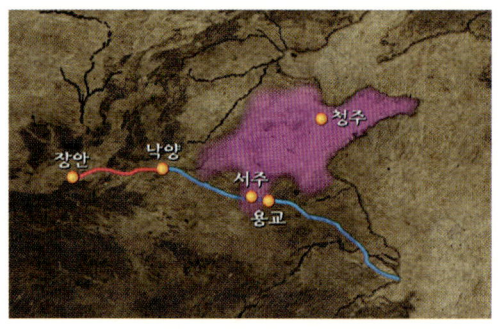

당시의 용교는 남부의 식량과 물산이 집결하던 운하의 도시였다. 장안과 낙양에서 필요로 하는 물자들은 반드시 이 운하를 통해 운송해야 했다.

지금은 쑤저우(宿州)라고 불리는 당시의 용교는 중국의 남부 지역에서 북부로 올라가는 길목에 위치한 곳으로 남부의 식량과 물산이 집결하던 운하의 도시였다. 장안과 낙양에서 필요로 하는 물자들은 반드시 이 운하를 통해 운송해야 했다.

왕싸이스 박사는 당시

쑤저우 시내에 '용교루'라는 건물 간판이 보인다.

용교의 가치를 "오늘날의 철도 대동맥과 같은 것"이라고 표현했다. 당 조정은 용교의 운하를 통해 남쪽에서 모든 물자와 식량을 수도인 장안으로 운송했기에 운하가 끊겨버리면 수도 전체의 공급이 끊겨버리는 셈이었다. 그런 의미에서 당시의 용교는 당의 입장에서 마지막까지 보호해야 할 생명줄이었다. 당은 모든 역량을 집중해 이 운하를 보호하려 했다.

21세기의 용교는 어떤 모습일까? 화려한 시절을 구가했던 1200년 전의 운하는 수많은 토사의 유입으로 사라져버린 상태다. 용교라는 이름도 이제 도시의 옛 건물에서나 찾을 수 있다.

지금 쑤저우 시내 한복판에서는 1000년 전에 땅에 묻혀버린 거대한 운하의 흔적을 발굴 중이다. 당에서 필요한 모든 물자의 80퍼센트를 수송했던 운하는 깊이 10미터에 너비가 45미터에 달했고, 낙양까지 수송 길이만 해도 600킬로미터에 이르렀다. 운하 바닥까지 전부 파내려가려면 앞으로 1년은 더 걸린다고 하는데도 벌써 당, 송 시대에 쓰였던 배의 파편과 유물들이 많이 쏟아져 나왔다. 운하의 중간 선착장

쑤저우 시 대운하 발굴현장.

대운하 발굴현장에서 가장 많이 나오는 것은 배를 정박시키는 닻의 역할을 하던 돌덩이들이다.

이었던 이곳에서 가장 많이 출토되는 유물은 바로 배를 정박시키는 닻의 역할을 하던 돌덩이들로 이미 수십 개가 발견되었다고 한다. 당시 운하의 운송량이 얼마나 많았는지 짐작할 만하다.

당나라 때의 운하는 어떤 모습이었을까? 용교에는 당나라 시인 백거이(白居易)를 기리는 낙천원이 있다. 이정기와 동시대 사람이었던 백거이는 이곳에서 별장을 짓고 살았다. 백거이가 직접 자신이 소유한 땅과 별장을 그린 〈용교별업도〉 속에는 당시 용교 운하의 모습이 들어 있다. 시내 한가운데로 강이 흐르고 다리 아래로 배들이 줄을 지어

당나라 시인 백거이가 그린 벽화 〈용교별업도〉.
당시 용교의 모습이 잘 드러나 있다.

다닌다. 이것이 수천 척의 배가 쉼 없이 오갔던 운하의 도시 용교였다. 남부의 거대한 식량과 물산이 이 운하를 통해서 들어왔다.

운하를 지키려는 황제의 군대와 그곳을 장악하려는 이정기의 군대 간에 치열한 전투가 계속됐다. 하지만 전투에서 승리한 쪽은 이정기였다.

국가란 예나 지금이나 재정이 필요하다. 당시 당나라의 국가 재정을 떠받치는 곳이 양자강 지역이었다. 그래서 양자강 지역에서 대운하를 통해 물자를 수송해 올려야 하는데 바로 그 길목 부근에 이정기가 있었던 것이다. 실제로 이정기는 충돌이 생기면 곧바로 대운하부터 봉쇄했고, 그럴 때마다 당은 여지없이 흔들리는 장면을 여러 번 연출했다.

> 남북으로 통하는 뱃길이 모두 막히게 되자 민심이 공포에 떨었다.
> —《자치통감》

이정기가 운하를 봉쇄해버리자 식량과 물자 공급이 끊긴 낙양과 장안은 일대 혼란에 빠졌다. 물가는 날로 뛰었고, 식량을 구하려는 백성들을 조정에서는 통제할 수 없었다. 그곳에서 이정기는 자신의 마지막 목표를 설정한다.

군인으로 명성을 날리다

드넓은 중국 대륙에서 고구려 유민 출신의 이정기가 어떻게 그렇게 강력한 힘을 쌓을 수 있었을까? 공식적으로 이정기는 당나라의 신하였다. 그런 그가 어떻게 당 황실에 반기를 들 수 있었을까? 아이러니하게도 당나라의 변방 방어 정책이 그 일차적 기반이 되었다.

8세기 중반 당나라 주변의 정세를 살펴보면 주위에 강력한 돌궐과 티베트, 발해 등이 포진해 있었다. 당나라는 변방의 수비를 절도사들에게 맡겼는데 이정기도 절도사들 가운데 한 사람이었다. 절도사는

8세기 중반 당나라 주변 정세. 당은 돌궐, 티베트, 발해의 침입을 막기 위해 번진의 자체적인 세력 확장을 용인했다.

지금으로 치면 지방자치단체의 도지사에 해당하는 직책인데, 군사적인 목적으로 형성된 절도사 세력을 '번진(藩鎭)'이라고 불렀다. 이정기는 막강한 군사력을 바탕으로 당 조정에 대항해 독립적인 세력을 구축한 번진이었다. 제국의 수도였던 청주 시장들이 발간한 《청주시지靑州市誌》는 이정기가 당 조정과 맞설 만큼, 또 주위의 절도사들이 두려움에 떨 만큼 가장 강력했다고 전한다.

勇兵十萬 雄據東方　　강병 십만 군대가 동방에 웅거해서
嶺藩畏之　　　　　　주위 번진을 두려움에 떨게 했다.

고구려 유민인 그가 어떻게 막강한 영향력을 발휘하는 절도사가 되었을까?

옛 지명으로 영주라고 불렸던 차오양시(朝陽市)는 이정기가 태어난 고향이다. 당나라 시대, 동북 지역의 중심도시였던 영주는 고구려 유민들이 끌려와 집단으로 머물렀던 곳이다. 이정기는 고구려가 패망한 지 64년 뒤 고구려 유민의 후손으로 이곳에서 태어났다.

상공에서 내려다본 영주의 현재 모습.

668년, 당나라의 대대적인 공격으로 멸망한 대제국 고구려의 백성들은 비참한 삶을 살아야 했다. 고구려의 재건을 두려워한 당나라는 20만 명에 이르는 고구려 유민들을 중국으로 끌고 갔다.

유민들은 장안, 운주를 비롯해 중국 각지에 흩어져 살아야 했다. 그때 중국으로 끌려온 유민들이 반드시 거쳤던 곳이 바로 지금의 차오양시인 영주였고, 상당수 유민들이 이곳에 정착했다.

대부분 중국인의 노예로 비참한 삶을 살아야 했던 고구려 유민들이 신분상승을 할 수 있는 유일한 길은 바로 군인이 되는 것이었다. 영주는 당나라의 동북 지역 군사요충지였다. 유능한 군인이 필요했던 영주에서 많은 고구려 유민들이 군인의 길을 택했다. 동북아역사재단의 김현숙 박사는 그 배경으로 고구려 유민들의 군사적 역량과 당의 대국적 정책을 꼽았다. 즉 "고구려 유민들은 군사적 능력을 인정받고 있었고, 다민족 국가로서 당이 한족 중심의 폐쇄적인 정치 운

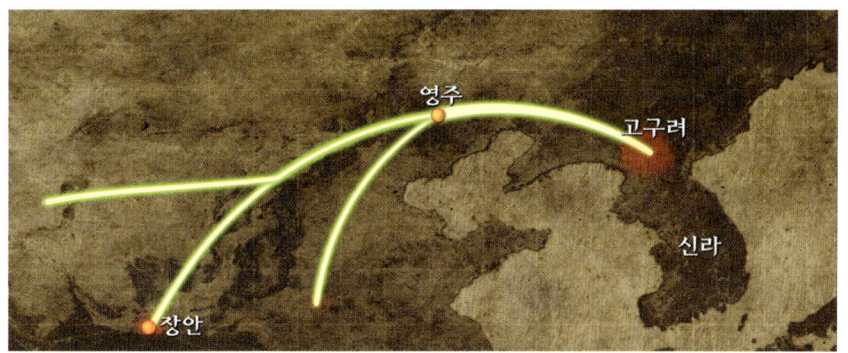
고구려 유민들의 이동 경로. 고구려 유민들은 영주를 거쳐 중국 각지로 흩어져 살았다.

영을 지양했기 때문에 능력 있는 사람이라면 누구나 자신의 역량을 최대한 발휘할 수 있는 분위기가 형성되어 있었다"는 것이다.

이정기도 영주 지역을 지키는 군인의 길을 선택한다. 뛰어난 군사적 재능을 보유한 고구려 유민 출신 군인들과 이정기는 수많은 전투를 통해서 두각을 나타내기 시작했다. 특히 영주 지역에서 일어나 755년에서 763년까지 당나라를 뒤흔든 안녹산의 난을 이정기가 황제의 편에 서서 진압하는 과정에서 그의 명성은 절정에 달했다.

영주에서 일어선 이정기와 그를 따르는 무리는 고구려적 기풍과 동질성을 보이며 단일 세력으로 성장해갔다. 변방 지역 군사들의 이민족적 기질과 그 구성을 연구해온 왕싸이스 박사는 "이정기 휘하의 주요 장군들 가운데 고구려인이 비교적 많았던 것으로 볼 때 최소한 전체 군대의 3분의 1 이상이 고구려 유민이었을 것"으로 추정한다.

이정기는 군인으로서 초고속 승진을 거듭했다. 스물여섯의 나이에 이미 장군의 자리에 오르고, 서른 살에는 치청 번진의 2인자 자리인 병마사가 되어 3년간 군사들을 지휘한다. 수많은 전투에서 생사를 같이해온 부하들은 이정기의 용맹스러움과 지도력에 전적인 신뢰를 보내며 그를 따랐다. 《구당서》를 보면 "이정기는 침착하고 의지가 굳세어서 부하들의 마음을 사로잡았다"는 내용이 나온다.

그런 이정기의 인기를 보며 당시 1인자였던 절도사는 두려움을 느꼈다. 엄격하면서도 인간미 넘치며 부하들을 끔찍이 아꼈던 이정기가 절도사보다 훨씬 부하들의 신뢰를 받았던 것이다. 765년 5월. 절도사는 이정기에게 반역죄의 누명을 씌워 직위를 해제시키고 옥에 가두었다.

이정기는 억울했지만 하소연할 곳도 없었다. ─《유양잡조》

부하들이 선택한 절도사

그런데 억울하게 죽을 날만 기다리고 있던 이정기의 운명에 예상치 못한 반전이 일어났다. 이정기를 믿고 따르던 군사들이 쿠데타를 일으켜 절도사를 몰아내고 그를 옥에서 구해낸 것이다. 쿠데타로 축출된 절도사는 도망갔고, 765년 7월 부하들에 의해 이정기는 치청 번진의 절도사로 추대되었다. 원래 절도사는 황제가 임명하는 자리였다. 그러나 부하들의 절대적인 신임에 의해 절도사로 추대된 이정기를 당 황실도 인정할 수밖에 없었다.

서른세 살의 이정기를 절도사로 만든 것은 출신도 권력도 아니었

761년 산둥반도로 건너간 이정기가 정착한 등주.

다. 군사들의 절대적인 지지와 신뢰를 쌓아온 이정기의 인간적인 매력이었다. 지배선 교수는 중국의 절도사 역사상 "권력을 쟁취하기 위해 측근 몇 명이 특정인을 최고 권력자로 추대했던 경우는 있지만, 많은 부대원

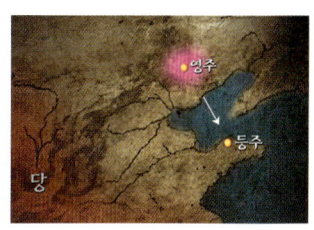

761년에 이정기는 영주에서 산둥반도의 등주로 건너간다.

이 감옥에 갇혀 있는 리더를 구출하기 위해 쿠데타를 일으킨 사건은 이정기의 경우가 거의 유일무이하다"고 설명했다.

영주 등지에서 반란군에 맞서 끊임없이 싸우던 이정기는 761년에 2만 군사를 이끌고 산둥반도로 건너갔다. 당 조정의 어떠한 지원도 없는 상태에서 반란을 계속 진압하기란 어려운 일이었다. 당시 2만의 군사는 혹한의 겨울바다를 건너 등주(登州)에 도착했다. 기후가 좋고, 물자 생산이 풍부했던 산둥반도는 이정기와 그의 군대가 새롭게 기반을 잡는 데 적합한 장소였다.

762년 5월, 이정기는 당 황실에 반기를 든 반란군의 근거지였던 청주성을 함락하고 반란군을 토벌한 뒤 청주를 비롯한 9개 지역을 단숨

고구려 벽화. 말을 타고 활쏘기를 즐겼던 고구려인의 기풍은 이정기의 군대에도 이어졌다.

에 장악했다. 산동반도에 도착한 지 4년 만의 일이었다.

이렇게 빠르게 산동반도의 중심지를 장악하며 승승장구할 수 있었던 힘은 무엇일까? 《구당서》에는 "이정기의 군대는 유격군이다"라는 대목이 나온다. 빠른 기동성을 지닌 전광석화와 같은 속도 때문이었다. 왕싸이스 박사는 이정기 부대의 기동성을 오늘날로 말하면 "기계화" 부대였다고 설명했다. 말을 잘 타고 활쏘기를 즐겼던 고구려인의 군사적 기풍이 이정기와 그의 군대에도 그대로 이어졌던 것이다.

물론 이정기 외에도 당나라에서 뛰어난 장수로 활약한 고구려 출신 군인들은 드물지 않다. 고선지, 장보고를 비롯한 여러 인물들이 당의 신하이자 군인으로서 위대한 업적을 남겼다. 하지만 이정기가 당나라 역사에서 차지하는 위치는 이들과 다르다. 정병준 동국대학교 사학과 교수는 그 차이점을 이렇게 설명한다. "해외에서 활약한 인물들은 대개 관료 혹은 장군의 길을 걷거나, 장보고처럼 변방을 주 무대로 삼은 데 반해, 이정기는 당의 중심부에서 황제하고 맞설 수 있는 실질적인 힘을 지녔던 인물"이었다는 것이다.

어느 시대나, 어느 민족이나 사람들은 평화로운 세상을 꿈꾼다. 경제적으로 안정되길 바라고, 전쟁의 소용돌이에 휩싸이지 않기를 원한다. 더불어 자신들의 지도자가 진정으로 백성을 위하는 정치를 하길 바란다.

끊임없이 전쟁을 치러야 했던 이정기는 그런 백성들의 바람을 채워줄 수 있었을까? 그의 군대는 강력했지만, 안정된 나라를 유지하는 데는 군사력만으론 부족하다. 이정기는 이 난관을 어떻게 극복했을까?

당나라에서 가장 살기 좋은 이정기의 나라

이정기가 전역을 차지했던 당시 산둥반도의 생산력은 대단한 것이었다. 대표적인 것이 소금이었다. 드넓은 대륙에서 귀했던 소금은 국가

산둥성의 철과 동 산지. 서주, 연주 등지의 생산량이 중국 전체의 10퍼센트를 차지했다.

산둥성의 소금 산지. 해주, 밀주 등지의 생산량이 중국 전체의 50퍼센트를 차지했다.

산둥성 최대의 염전지대인 양커우.

가 직접 관리했다. 당나라 재정수입의 절반을 소금을 전매해서 얻는 돈으로 충당했을 정도다. 지금도 산둥반도에서 생산해내는 소금의 양은 중국에서도 손꼽힌다. 해주, 밀주 등지의 생산량이 중국 전체의 50퍼센트를 차지할 정도다.

이정기는 소금의 주요 산지를 우선적으로 정벌하며 나라의 재정수입에 막대한 타격을 입히는 한편, 자신이 세운 왕국의 부를 늘려가기 시작한다. 결국 산둥반도의 소금 산지가 모두 이정기에게 넘어왔다. 중국 소금의 절반을 이정기가 차지한 것이다. 동시에 철과 동의 확보도 이뤄졌다. 산둥반도는 이정기가 군사력 증강을 위해 반드시 차지해야 하는 곳이었던 것이다. 동북아역사재단의 윤재운 박사는 이정

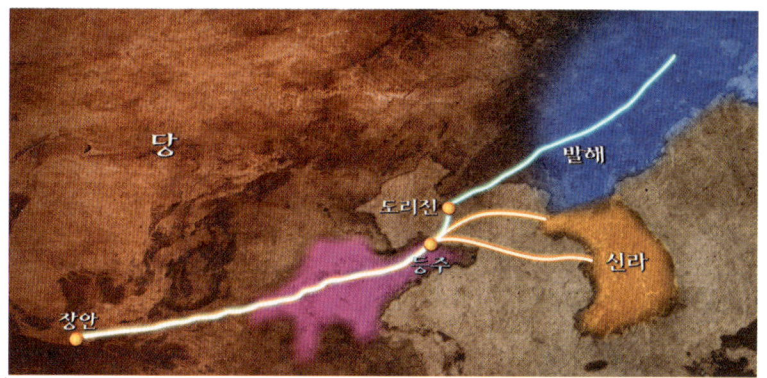
신라와 발해의 대당 무역 경로. 등주는 발해, 통일신라, 일본의 외교사신과 무역 상인들이 반드시 거쳐 가는 곳이었다.

기가 중국을 장악하는 과정에서 무기의 재료가 되는 철의 산지와 소금 산지를 우선적으로 공격했다는 《신당서》와 《구당서》의 기록으로 볼 때 "소금과 철을 염두에 두고 그곳을 전략적으로 확보했음을 알 수 있다"고 설명했다.

산둥반도가 안겨준 이점은 풍부한 물자뿐만이 아니었다. 이정기가 차지했던 등주 지역은 지리적인 여건상 오래전부터 동아시아 무역과 외교의 장이었다.

발해와 통일신라, 심지어 일본의 외교사신과 무역 상인들이 반드시 거쳐야 하는 곳이 바로 등주였다. 이정기가 황제로부터 하사받았던 관직 가운데 하나가 '해운압신라발해양번사'라는 직책으로 신라와 발해의 정치 및 외교, 무역을 공식 총괄하는 자리였다는 것을 떠올려 보자. '해운'이란 바다를 통해 산둥성 근방으로 들어오는 발해, 신라, 일본과의 외교 및 무역을 통제, 관리하는 역할이고, '압신라발해양번사'는 신라와 발해 두 나라의 공식 외교사절단을 접대, 관리하는 직책이다.

이정기는 이 관직을 이용해 당 조정을 배제하고 발해 및 통일신라와 독자적인 무역교류를 하면서 힘을 키워나갔다. 특히 이정기에게 막대한 이득을 안겨준 것이 발해와의 독점 무역이었다. 당시 발해의 산물은 주변의 여러 나라가 모두 귀하게 여기는, 희소가치가 큰 것들이었다. 발해의 역사서인 《발해국지장편渤海國志長編》을 보면 "발해는…… 산, 바다, 수풀의 이익을 독점하였고…… 각국은 이 나라의 산물을 매년 진귀하게 여겼다"라는 대목이 나온다.

그중에서도 발해의 명마는 모두가 탐내는 물자였다. 이정기는 당나라를 배제한 채 발해의 명마를 해마다 1만 마리 이상씩 사들였다. 자기 나라의 기마병을 증강하고, 또 다른 나라에 되팔아 중간에서 막대한 이득을 남기기 위해서였다.

당시의 말과 철은 지금의 핵무기나 석유에 해당하는 이른바 전략물자라고 할 수 있다. 이런 전략물자들은 국가가 정식으로 정해놓은 공식 루트 외에는 들여오는 것 자체가 불법이었다. 윤재운 박사는 이정기가 해마다 막대한 양의 말을 발해에서 수입하고 있었다는 것으로 볼 때 "무역에서도 이정기의 치청 번진이 당나라 중앙정부와 대립각을 세웠을 것"이라고 추정한다.

이정기가 활동했던 8세기 중반, 당나라의 실상은 참혹했다. 수많은 반란이 일어났고, 그 폐해는 고스란히 백성들에게 돌아갔다. 약탈과 살인이 끊이지 않았고 굶어죽는 사람들이 늘어나도 당 조정은 구제할 능력이 없었다. 당은 쇠퇴기에 접어들고 있었다. 조정이 내놓는 정책들 또한 농업생산에 도움이 되지 않는 것들뿐이었다. 백성들의 생활에 도움이 되기는커녕 오히려 불리한 것들이었다.

반면에 이정기가 다스리는 산둥반도 일대는 정치·경제적으로 안정을 이루며 태평성대를 구가했다. 이정기가 독자적으로 만들어 시행하는 법령은 명확하고 깨끗했으며, 백성들에게 부과하는 세금 또한 가볍고 공평했다. 그런 이정기의 번진이 당시 대륙 전역에서 제일 강대하고 살기 좋은 곳으로 손꼽혔다고 중국의 역사는 전한다.

> 법령은 하나같은데다 세금마저 균일하고 가벼워서 제일 강대했다.
>
> ─《구당서》

그러면서도 이정기는 나라의 기강만은 엄격히 세웠고, 정사를 처리하는 데도 빈틈이 없었다. 일례로 그는 군사들에게 약탈을 금지시켰다. 전쟁에 이기면 전리품을 노리는 군인들에 의해 약탈이 일어나게 마련인데 이정기는 이를 용납하지 않고 정복한 지역의 주민들을 보호했다.

부하들이 면전에서 우스갯소리는커녕 함부로 불평조차 하지 못할 정도로 엄격히 통치하면서도, 백성들에게는 세금을 공정하게 거두고, 안정적이고 평화롭게 다스렸기 때문에 태평성대를 누릴 수 있었을 것이다. 황무지를 최대한 개척해서 경작지를 늘리고, 안정적인 환경에서 마음 편히 농사를 지을 수 있도록 배려했다.

전 대륙이 전쟁의 소용돌이에 있을 때도 이정기의 백성들은 평안했다. 탄탄한 재정과 막강한 국방, 그리고 안정된 통치를 이끌었던 이정기. 그는 군주의 조건을 알고 있었다. 혼란스러운 시대에 태평성대를 이뤘던 이정기는 분명, 상당히 카리스마가 강하고 통솔력이 있는 인물이었다.

당 황실을 겨누고 칼을 빼들다

777년에 이정기는 수도를 청주에서 운주(지금의 둥핑현)로 옮긴다.

외교와 국방, 정치와 경제의 모든 조건을 탄탄하게 갖춘 이정기는 777년에 갑자기 수도를 운주로 옮긴다. 운주는 당의 동쪽 수도인 낙양에서 불과 300여 킬로미터의 거리에 있다. 드디어 이정기 일생의 목표를 실행할 때가 온 것이다.

이정기 왕국의 두 번째 수도인 운주의 위치를 추정하면 지금의 둥핑현(東平縣) 부근이다. 조그마한 시골마을로 변한 둥핑현은 1300년 전에 세워졌던 이정기의 운주성을 기억하고 있을까? 둥핑현 시내에서 만난 몇몇 사람들에게 당나라 때 운주성이 어디쯤인지 아느냐고 질문을 던져보았다. 모르겠다는 대답만 돌아왔다. 운주성이 뭔지 잘 모르겠다는 사람도 있었다. 운주성은 도대체 어디에 있는 것일까?

그 행방을 찾기 위해 둥핑현 문물관리소 소장을 만났다. 그런데 소장이 옛 운주성이 있었던 자리라고 가리킨 곳은 놀랍게도 지금 호수가 있는 자리였다. 설명에 따르면 운주의 옛 성은 1000년 전 갑작스런 황하강의 범람으로 둥핑 호수 밑에 수몰됐는데, 1992년 가뭄 때 성의

이정기의 두 번째 수도였던 운주, 즉 지금의 둥핑현 시내.

윤곽과 다리의 모습이 수면 위로 드러난 적이 있다고 한다. 그런 이유로 운주성은 현재 옛 지도상에서만 그 위치를 파악할 수 있다.

둥핑 호수에서 배를 타고 30분쯤 나가니 호수 한가운데에 섬처럼 떠 있는 땅이 나타났다. 취의도(聚義島)라는 관광지였다. 혹시 이곳에서 운주성의 흔적을 발견할 수 있지 않을까? 기대와 달리 취의도는 4년 전부터 관광지로 개발된 곳으로 송나라 때 일어난 농민봉기를 기념하는 장소로 이정기 시대와는 상관이 없었다. 운주성은 이제 아무

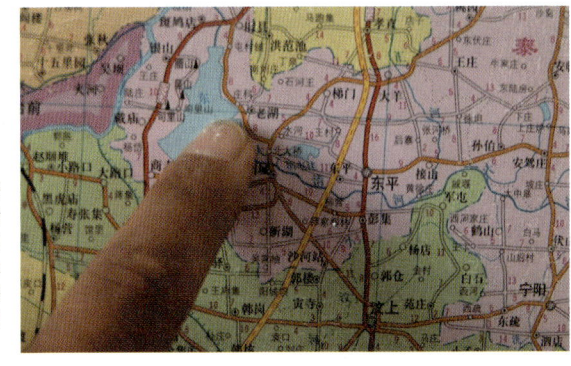

옛 운주성 지도. 운주성은 1000년 전, 갑작스런 황하강의 범람으로 호수에 잠겨버렸다고 한다. 이 호수 밑 어딘가에 거대한 운주성이 자리하고 있을 것이다.

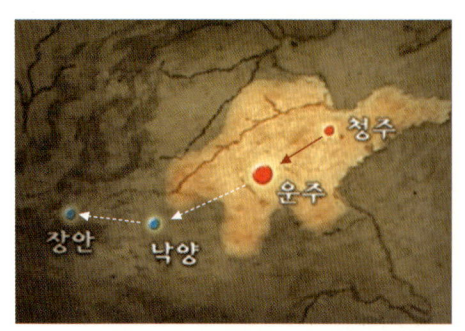

이정기가 청주에서 운주로 수도를 옮긴 이유는 궁극적으로 낙양과 장안으로 진출하기 위해서였다.

런 흔적조차 남아 있지 않은 것이다.

호수 어딘가에 잠겨 있을 운주성에서 이정기가 꿈꾸었던 목표는 바로 당 황실이었다. 운주는 당나라의 수도인 장안과 낙양에 바짝 다가선 위치. 지배선 교수는 이정기가 처음부터 낙양과 장안 쪽으로 진출하려는 의도를 가지고 수도를 운주로 옮겼다고 설명했다. "동쪽으로는 황해가 있어서 더 이상의 영토 확장이 불가능했기" 때문이다.

이정기가 운주로 서울을 옮기자 당 조정은 경악했다. 드디어 이정기의 목표가 당나라라는 것을 읽은 것이다.

모든 계획은 순조로웠다. 이정기는 당대 최강의 10만 대군을 키워냈고, 운하를 차단해 당의 생명줄을 끊어놓았다. 그리고 마침내 당 황실을 향해 칼을 빼든다.

781년, 제음 벌판에 이정기의 10만 대군이 집결했다. 그곳은 당 황실의 군사력이 미치는 마지막 경계선이었다.

당 황실은 진퇴양난에 빠졌다. 수많은 논의 끝에 황제는 이례적인 결정을 내렸다. 변방의 오랑캐를 지키던 군사 9만 2000명을 황급히 빼돌려 제음벌판 근처에 전진 배치한 것이다.

당에 맞서는 이정기의 준비는 끝까지 치밀했다. 밤낮으로 군사들을 훈련시키며 마지막 싸움을 준비했다. 당대 최강의 10만 군대가 노리는 것이 당 황실이라는 사실이 천하에 알려지자 중국대륙 전체가 두려움에 떨기 시작했다.

모든 조건을 자신에게 유리하게 만든 이정기의 군대는 이미 승리를 예견하고 있었다. 운하가 이정기의 손아귀에 있었고, 운주에서 낙양 가까운 곳까지 진을 치고 있던 시점에서 이정기는 당나라의 군사적인 상황까지 꿰뚫고 있었을 것이다. 당은 온힘을 다해 이정기가 서쪽으로 진출해 낙양과 장안을 위협하는 것을 막으려고 했지만, 이정기는 이미 그 상황까지 계산에 넣고 움직이고 있었다.

그런데 군사훈련이 막바지에 이를 무렵 아무도 예상하지 못한 일이 벌어지고 만다.

781년 7월 이정기 사망.

너무나 허망한 죽음이었다. 대륙의 심장부를 향해 나아가던 마지막 지점에서 안타까운 죽음을 당한 것이다.

> 악성종양으로 죽었는데 이정기의 나이 49세였다. —《구당서》

이정기 왕국의 흥망성쇠

비록 채 피어보지도 못하고 이정기는 죽었지만, 그의 뜻은 스러지지 않았다. 이듬해 이정기의 아들 이납이 그의 왕국을 계승했다. 782년에 이납은 나라 이름을 '제(濟)'라 칭하며 독립국임을 만천하에 선포했다. 문무백관을 임명하고 자체적인 법령을 마련해 나라의 기틀을 다진 이납은 아버지의 뜻을 이어 당을 압박해나간다. 제나라는 40년 가까이 당을 위협하며 치열한 접전을 벌였지만, 819년에 내부 반란에 의해 멸망하고 만다. 그동안 이정기의 아들 이납부터 손자 대인 이사도까지 3대가 제나라를 이었다.

이정기가 치청 왕국을 세운지 만 55년 만에 고구려를 계승했던 독립왕국은 그렇게 종말을 고했다.

제나라를 멸망시킨 당의 보복은 잔인하고 처참했다. 당은 이미 항복한 1200명의 군사를 무장해제시킨 뒤 살해했다. 중국의 역사서 《자치통감》은 끔찍했던 학살의 현장을 이렇게 전한다.

> 죽은 병사들의 피가 흘러 강을 이뤘다.
> 붉은 안개의 높이가 한 장(약 3미터)이나 되었다. 이 안개는 오래 지나서야 비로소 흩어졌다.

정병준 교수는 "이런 식의 보복은 매우 예외적이고 극단적인 것"이었다고 설명했다. 제2의 이정기의 출현을 그만큼 두려워했다는 반증이 아니었을까.

패망한 제국의 후손으로 태어나 고구려의 이름을 55년간이나 지속시켰던 이정기와 유민들. 그들은 대륙 속에서 불꽃처럼 살다 간 마지막 고구려인이었다. 당 조정은 이들을 '흉악한 무리'라고 비난했다.

附麗兇黨　　고구려의 흉악한 무리에 붙어 살면서

　　久居汚俗　　나쁜 풍속에 물들었다

　이 말은 역설적으로 이정기의 왕국이 고구려의 기풍을 계승했을 뿐 아니라 고구려의 문화와 풍습까지도 지켜왔음을 뜻한다.

　1000년의 세월이 넘도록 이정기라는 이름은 어둠 속에 묻혀 있었다. 이제 우리가 잊혀진 고구려인 이정기를 우리나라 역사의 한 페이지로 당당히 복원해야 할 때다.

　역사는 기억하는 사람이 있는 한 잠들지 않는다.

1392년, 조선이 개국한다.
새 왕조는 4대 임금 세종에 이르러 전성기를 누린다.
그러다 역사에 암운이 드리우기 시작한다.
계유정난을 일으킨 수양대군이 어린 단종을 몰아내고 왕위에 오른 것이다.
이에 반발한 사육신들의 단종 복위운동과 세조의 처절한 응징.
조선 초기 최대의 피바람이었다.
이 정치적 폭풍의 한가운데에 수양대군 세조가 선택한 인물, 신숙주가 있었다.

세조의 일등공신인가,
단종의 배신자인가
—신숙주

보한재 신숙주(申叔舟 · 1417~1475)는
조선 역사 500년에 걸쳐 큰 논란이 되었던 인물이다.
사육신인 성삼문, 박팽년, 하위지 등은
단종의 왕위를 빼앗은 세조에 반대하다 죽임을 당한 데 반해
신숙주는 세조에 협력했고 그 일로 변절자라는 낙인이 찍혔다.
그러나 한편으로 조선 초기 나라의 기틀을 세운 천재 관료였다는 평가도 있다.
실제로 그는 세종부터 성종에 이르기까지 여섯 임금을 모시며
《해동제국기》, 《국조오례의》, 《동국정운》, 《병장록》 등
수많은 저작을 편찬했으며, 특히 한글 반포에 큰 공을 세웠다.
그런 이유로 신숙주의 평가에 대한 논란은 갈수록 가열되고 있다.
신숙주. 그는 정치 권력가이며 변절자인가?
아니면 실용주의 노선을 견지한 천재관료인가?
비정상적으로 왕위에 오른 세조를 선택했던 신숙주. 그를 둘러싼
숱한 논란과 평가의 실체를 살펴보자.

세조의 킹메이커

1456년인 세조 2년 2월 21일, 조선 조정에 경사가 있었다. 조선 제7대 임금 세조가 명나라 황제로부터 공식적인 임금으로 인정받은 것이다. 중국에 사신으로 갔던 신숙주가 돌아온 그날, 조선 조정의 사정전 외경에서 세조가 신하들에게 한 이야기를 잠시 엿들어보자.

> 세조: 경들이 오로지 충심 하나로 일을 처리해 대업을 성취했으니 진실로 가상하고 기쁘도다. (신숙주에게 술을 내려주며) 옛날에 나와 만 리를 동행했었고, 또 다시 마음을 함께하여 이제 큰일을 성취했으니 이 기쁨을 어찌 헤아릴 수 있겠는가? —《세조실록》 2년 2월 21일

이날 세조는 신숙주와 함께 도모했던 일을 이루어 매우 기쁘다고 했다. 이들이 함께한 맹세는 무엇이며 성취한 큰일은 또 무엇이었을까? 이들의 본격적인 인연은 이보다 4년 전인 1452년, 세조의 수양대군 시절로 거슬러 올라간다.

《실록》에 따르면 단종 즉위년인 1452년 8월 10일, 길에서 우연히 마주친 두 사람은 수양대군의 집에서 함께 술잔을 기울이게 된다.

> 수양대군: 신수찬!
> 신숙주: (말에서 내려 인사한다)
> 수양대군: 어찌 문 앞을 지나가면서 한번 들어오지 않는가? (신숙주를 이끌고 들어가서 같이 술을 마시다)

신숙주 영정. 보물 제613호.

평범해 보이는 이 만남을 어떻게 해석해야 할까? 당시는 분경금지법(奔競禁止法: 조선시대 하급관리가 상급관리의 집을 방문하지 못하도록 규정한 법)이라 하여 왕실 인사들이 함부로 대신들을 만날 수 없는 법이 존재하던 시기였다. 그렇다면 혹시 세조가 우연을 가장하여 신숙주를 집 안으로 불러 들여 만난 것은 아닐까? 어쨌든 이들의 만남은 그렇게 시작되었다. 신숙주와 수양대군은 주안상을 놓고 마주앉아 이야기를 나눴다.

> 수양대군: 옛 친구를 어찌 찾아와 보지도 않는가? 이야기하고 싶은 지 오래였다. 사람이 가치 없이 죽어서는 안 되지만, 종묘사직을 위해서는 죽을 수 있지 않은가?

연행도(일부). 조선 사신들이 북경을 향해 출정하는 모습.

신숙주: 대장부가 편안히 아녀자의 품에서 죽는다면 그것은 집에 틀어박혀 세상물정 모르는 사람일 뿐입니다.

수양대군: 그럼 중국으로 가세.

1452년 10월. 수양대군은 어린 조카 단종의 즉위를 중국 황제에게 알리기 위해 명나라 사행(使行) 길을 자청했다. 그때 신숙주에게 함께 가자고 권한 것이다. 이에 신숙주는 사은사(謝恩使)인 수양대군의 서장관(書狀官), 즉 비서관 신분으로 명나라에 동행한다. 사은사란 새 왕이 등극했을 때 명나라 황제의 공인을 받기 위한 사신이었다. 이들이 중국에 함께 머문 기간은 약 5개월.

훗날 세조는 신숙주를 좌익 1등공신으로 책훈하는 교서에서 그때부터 신숙주와 뜻이 통했고 그를 신뢰하게 되었다고 술회한다.

내가 옛날 잠저(潛邸)에 있을 때에 외람되게 사명(使命)을 받아 당시 국가가 위태하고 의심스러운 때를 당하여 다시 산을 넘고 강을 건너는 괴로움을 무릅쓰게 되었는데, 경(卿)이 이때에 참여하여 나를 보좌하고 폐부(肺腑)를 내어보여 정신(精神)과 지기(志氣)를 같이 하여 믿으니, 복심(腹心)으로 의탁하여 실로 충성(忠誠)하고 분개(憤慨)하고 강개(慷慨)하는 마음을 아울러 일으켰다. —《세조실록》 세조 4년 (1458) 6월 29일

계유정난의 일등공신

중국에서 돌아오고 얼마 후인 1453년 10월에 수양대군은 이른바 계유정난(癸酉靖難)을 일으킨다. 원래 병약했던 단종의 아버지 문종은 자신의 단명(短命)을 예견하고 영의정 황보 인(皇甫仁), 좌의정 남지(南智), 우의정 김종서(金宗瑞) 등에게 자기가 죽은 뒤 어린 왕세자가 등극하면 잘 보필할 것을 부탁했다. 세 사람 중 남지는 병으로 좌의정을 사직하고 그의 후임인 정분(鄭苯)이 대신 당부를 받았다.

그런데 단종 2년인 1453년, 수양대군은 문종의 유탁(遺託)을 받은 세 사람 가운데 김종서의 집을 불시에 습격하여 그와 그의 아들을 죽였다. 계유정난의 시작이었다. 사건 직후 수양대군은 "김종서가 모반하였으므로 주륙(誅戮)하였는데, 사변이 창졸간에 일어나 상계(上啓)할 틈이 없었다"고 단종에게 보고했다. 곧이어 단종의 명이라고 속여 중신을 소집한 뒤 사전에 계획한 대로 황보 인, 이조판서 조극관(趙克寬)

등을 궐문(闕門)에서 죽였다. 또 수양대군은 자신의 친동생인 안평대군이 "황보 인, 김종서 등과 한패가 되어 왕위를 빼앗으려 했다"고 거짓으로 임금에게 보고한 뒤 강화도로 귀양 보냈다가 후에 죽인다. 이로써 수양대군이 영의정 황보 인, 좌의정 김종서, 이조판서 조극관 등 원로대신들을 제거하고 정권을 장악하게 된 것이다.

계유정난을 어떻게 정의 내려야 할까? 남지대 서원대학교 역사교육과 교수는 계유정난이 "세조가 왕위를 찬탈하는 과정의 시작점"이라고 해석한다. 즉 "계유정난이 정당한 것이었다고 한다면 그 연장선에 있던 세조의 왕위 찬탈도 어쩔 수 없는 일이었다고 판단할 수 있고, 반대로 세조의 왕위 찬탈이 있어서는 안 될 일이었다면 계유정난도 일어나서는 안 되는 친위 쿠데타가 된다"는 것이다.

신숙주는 계유정난에 직접 가담하지 않은 것으로 알려져 있지만, 당시 그는 승정원 우부승지(右副承旨) 겸 지병조사(知兵曹事)라는 직책을 맡고 있었다. 지위는 높지 않지만 세조나 신숙주에게 매우 중요한 직책이었다. 오종록 성신여자대학교 사학과 교수의 설명에 따르면 "지병조사로서 신숙주는 권력을 장악하고 있던 수양대군의 눈과 귀가 되어 궁궐을 호위하는 군사들을 중간에서 지휘, 감독하는 역할을 맡을 수 있었다."

계유정난 이후 수양대군은 어린 조카 단종으로부터 강제로 왕위를 넘겨받는다. 세조 1년(1455) 8월 13일. 드디어 수양대군이 세조가 된 것이다. 세조는 신숙주를 1등공신에 책봉하고, 다른 공신들과 더불어 신숙주를 동료라 칭하며 그의 공을 높이 평가했다.

그런데 세조로서는 넘어야 할 큰 고비가 있었다. 바로 명나라의 인정이었다. 그때 마침 신숙주가 사은사로 가서 명나라 황제의 인정, 즉 '고명(顧命)'을 받아온 것이다. 명나라의 인정은 무척 중요한 문제였다. 남지대 교수는 명나라의 고명이 "계유정난부터 양위 과정 전체를 정당화하는 의미"가 있었다고 설명한다. 단종이 살아 있는 와중에 세조가 양위를 받았기 때문에 명나라가 그 점을 문제 삼으면 설명하기가 어려워지고 상황이 복잡하게 꼬일 가능성이 있었다. 그런데 세조가 쿠데타를 일으켜서 즉위하기까지 모든 과정을 중국 황제로부터 인정받음으로써 국제적 정당성을 확보하게 된 것이다.

계유정난 이전부터 뜻을 함께 했던 신숙주와 세조. 세조가 말한 지난 날 함께 맹세했던 일은 바로 그의 즉위였고, 여기에 신숙주가 큰 기여를 했던 것이다.

공신의 길을 택한 신숙주의 지독한 배신

그런데 신숙주에 대한 평가는 상당히 폄하되어 있다. 《연려실기술》의 일화를 보면 신숙주의 부인 윤씨조차 그의 변절을 부끄러워한 것으로 나온다. 단종 복위운동을 하던 사육신들이 모두 죽임을 당하는데, 바로 그날 신숙주가 집으로 돌아오니 부인 윤씨가 혼자 다락에 올라 손에 몇 자 되는 베(布)를 잡고 들보 밑에 앉아 있었다고 한다. 신숙주가 그 까닭을 묻자 윤씨는 이렇게 대답했다.

당신은 평소 성삼문 등과 서로 친밀하기가 형제와 같았을 뿐 아니었으므로, 지금 성삼문 등의 옥사가 일어났으니, 당신은 반드시 그들과 함께 죽을 줄 알고, 당신의 흉보(凶報)가 이르기를 기다려 스스로 목숨을 끊으려 한 것인데, 혼자만 살아서 돌아올 줄은 생각지 못하였습니다.

또 이광수의 소설《단종애사》에는 그의 부인이 목을 매 죽은 것으로 되어 있다.

그러나《실록》을 보면 윤씨 부인은 사육신의 옥사가 일어나기 6개월 전에 이미 사망한 것으로 나와 있다. 즉《단종애사》나《연려실기술》의 내용은 후대에 과장되거나 윤색된 것이다. 이렇게까지 신숙주에 대한 평가가 극단적이 된 이유는 무엇일까?

신숙주와 관련해서 빼놓을 수 없는 이가 바로 사육신의 대표적인 인물 매죽헌 성삼문(成三問·1418~1456)이다. 성삼문은 신숙주보다 한 살 적었으나 둘은 친구였다. 성삼문은 1447년 30세 때 문과 중시에 장원을 하고, 신숙주와 더불어 집현전 학사로 활동했다. 세종 때는 신숙주와 함께 중국의 음운학자

성삼문 영정.

'황찬(黃瓚)'에게 음운 지식을 배워오는 등 한글반포에도 큰 공을 세웠다. 정계에 진출한 초기부터 두 사람은 학문적 동지였던 것이다. 계유정난 때도 신숙주는 2등공신, 성삼문은 3등공신에 책봉되었다.

그런데 신숙주와 성삼문이 완전히 갈라서는 사건이 발생했다. 바로 단종의 왕위 이양이었다. 숙부 수양대군의 위세를 견디지 못한 단

종이 왕위를 수양대군에게 넘기게 된 것이다. 성삼문은 예방 승지(禮房承旨)로서 옥새를 수양대군에게 넘겨주는 역할을 맡았다.

　　세조: 나는 덕이 없으니 사양하겠소.
　　신하들: (대경실색하여 감히 한마디도 못하고 있다.)
　　성삼문: (옥새를 안고 목 놓아 통곡한다.)
　　세조: (엎드려 있다가 고개를 들고 빤히 성삼문을 쳐다본다.)

―《연려실기술》제4권 단종조 기사본말

　이날 수양대군은 몇 차례에 걸쳐 왕위를 사양했다고 전해진다. 그러나 단종은 자신이 어리고 나라 일을 잘 몰라 수양에게 대임한다며 옥새를 넘겼다. 성삼문은 한동안 옥새를 꼭 잡고 수양대군에게 넘기지 않았다. 옥새를 넘긴 성삼문이 통곡하자 수양대군이 그를 빤히 쳐다봤다고 야사는 전한다.

실패로 끝난 단종 복위운동

　수양대군에게 옥새가 넘어간 지 1년 후, 수양대군의 등극에 대해 극명한 입장 차이를 보이던 신숙주와 성삼문 두 사람에게 돌이킬 수 없는 사건이 발생한다. 바로 세조 2년(1456)의 '단종 복위운동'이었다. 성삼문, 박팽년, 하위지, 이개, 유성원, 유응부 등이 상왕 단종의 복위를 계획한 것이다. 이들 입장에서 수양대군의 즉위는 명분도 원칙도 없는 정변이며, 세조를 폐하고 단종을 다시 세우는 것이야말로 정통성의 회복이었다.

계유정난까지만 해도 단종이 왕이었기 때문에 그들은 별다른 일을 도모하지 않았다. 그런데 결국 단종을 내리고 수양대군이 세조로 올라간다는 것은 정통성에 어긋날 뿐 아니라 의리나 명분도 없었다. 명분 없는 정권이 탄생하자 그들이 생각하는 명분을 다시 세울 방법을 고민하게 되었고, 그것을 현실 정치에서 드러낸 사건이 결국 단종 복위운동이었다.

그들이 세운 계획은 세조 암살이었다. 1456년 6월 1일, 명나라 사신을 환송하는 연회에서 세조를 호위하기로 되어 있던 성승과 유응부가 세조를 제거하기로 계획을 세웠다. 그러나 이들의 계획은 차질을 빚는다. 한명회(韓明澮 · 1415~1487)의 제안을 받아들인 병조판서 신숙주가 세조에게 호위무사인 별운검을 세우지 말자고 한 것이다. 세조는 이 제안을 받아들였다.

세조를 암살하려는 계획이 실패로 돌아가자 성삼문 등은 거사를 뒤로 미루었다. 그런데 이때 밀고자가 생겼다. 함께 단종복위를 꾀했던 김질(金礩)과 그의 장인 정창손(鄭昌孫)이 세조에게 이 계획을 고변한 것이다.

> 김질과 정창손이 성삼문의 계획을 세조에게 고하다. —《세조실록》 세조 2년 6월 2일

두 사람의 고변으로 결국 단종 복위운동은 실패로 끝나고 가담자

와 연루자는 모두 체포되었다.

　단종 복위운동 가담자들에 대한 세조의 응징은 가혹했다. 성삼문을 비롯한 주모자는 '능지처참형'에 처해졌고 연루자 70여 명이 처형당했다. 가담자와 연루자의 부녀자들은 세조의 공신들이 사노비로 나누어 가졌다. 세조 2년(1456) 9월 7일자 《세조실록》을 보면 "의금부에 난신에 연좌된 부녀를 대신들에게 나눠주게 했다"고 되어 있다. 성삼문의 아내와 딸을 비롯한 160여 명의 부녀자들이 세조의 공신들에게 분배되었다. 신숙주는 그때 세 명의 부녀자(최면의 누이인 선비, 조완규의 아내인 소사와 딸 요문)를 '사노비'로 받았다.

　한가람역사문화연구소의 이덕일 박사는 '사노비'를 받은 것에 대해 "개인적인 복수"라고 지적한다. 이덕일 박사의 설명에 따르면 일반적으로 역모를 꾀하면 삼족이 멸함을 당한다고 알려져 있지만, 실제로 그런 경우는 그렇게 많지 않다고 한다. 보통 당사자와 핵심인물의 직계가족 정도가 처벌을 받는데, 단종 복위 사건 관련자들은 당사자는 말할 것도 없고 성인들을 다 죽이고 심지어 부녀자나 살아남은 부인과 딸들까지 다 나눠가졌다는 것은 개인적인 복수의 차원이라는 것이다.

　이듬해인 1457년 6월에 단종은 노산군으로 강등되어 영월 청령포로 유배되었다.

　이 사건 이후 신숙주는 더욱 강경한 주장을 펼친다. 신숙주는 세조에게 동생인 금성대군 이유가 노산군을 내세워 반역을 도모하려 했으니 이유는 물론, 노산군 역시 편히 살게 할 수 없다고 주장했다. 그 자리에서 세조는 신숙주의 말을 듣고만 있었지만, 이때의 발언은 나중에 신숙주 자신에게 치명타로 작용하게 된다.

신숙주는 단종의 아버지인 문종과 할아버지 세종이 아끼던 신하였다. 그런 그가 문종의 아들인 단종을 죽이자고 주장한 것이다. 그것이 씨앗이 되어 후대에 신숙주에 대한 폄하가 나타난다. 바로 단종비인 정순왕후 송씨와 관련된 야사의 기록이다. 단종이 영월로 유배를 가자 평민으로 강등된 송씨는 날마다 단종을 기다렸다. 그런데 그때 신숙주가 송씨를 공신노비로 달라고 나섰다.

> 송씨가 관비가 되니 숙주가 공신비로 삼아 자기가 받으려 하였다.
>
> —《월정만필》

심지어 야담집 〈파수편破睡篇〉에는 신숙주가 송씨를 노비로 삼았다는 기록도 나온다.

그러나 실제로 송씨는 조정으로부터 최소한의 배려를 받으며 82세까지 장수했다. 그런데도 신숙주에 대한 이런 폄하가 등장한 것은 세조에 의해 간택되고 그에게 협력한 결과였다.

'넘버 쓰리' 세조가 선택한 신숙주

정통성 없는 쿠데타 계유정난을 일으킨 세조는 마침내 단종의 왕위까지 빼앗았다. 왜 이런 정변을 감행했을까?

계유정난 직전까지 주요 정치 세력은 단종과 안평대군, 그리고 수양대군파의 세 파로 갈려 있었다. 그중 가장 정통성 있는 세력은 당연히 김종서, 황보 인 등 원로대신들이 모시고 있던 '단종'의 왕권이었다. 그리고 수양대군의 동생 안평대군. 그는 많은 문인 친구들이 있었고 정가의 평판도 좋았다. 안평대군 역시 왕권에 협조적이었다.

반면에 수양대군은 한명회, 권람 등 당시에는 영향력이 미미했던 인사들과 가까웠다. 이렇게 볼 때 수양대군은 당시의 '넘버 쓰리'였다. 그렇다면 '넘버 쓰리' 수양대군의 선택은 분명해진다. 현실을 수긍한 채 넘버 쓰리로 남느냐, 아니면 정변을 통한 집권이냐. 이 지점에서 수양대군은 과감하게 후자를 택했고, 그때 그의 곁에 신숙주가 있었던 것이다. 결국 신숙주와 수양대군, 이들은 서로를 선택한 셈이다. 그 선택의 배경을 알아보자.

신숙주는 세종 21년인 1439년에 스물세 살의 나이로 문과에 급제, 관직 생활을 시작했다. 훈민정음 반포 때는 자료수집에 참가하고, 성삼문과 함께 명나라 학자 황찬을 여러 번 찾아가 음운 지식을 얻어오는 등 큰 역할을 했다. 특히 그는 집현전 8학사의 한 사람으로 세종의 총애를 받았다. 그 시기에 수양대군 역시 세종의 명에 따라 집현전에 참가했고 젊은 지식인 신숙주와 교류했다.

젊은 관료 신숙주의 정치적 성향을 잘 보여주는 일화가 있다. 단종 즉위년인 1452년 9월 13일에 《세종실록》을 편찬하던 중 신숙주는 좌의정 김종서와 의견 충돌을 보였다. 김종서가 《오례》를 《세종실록》에 싣지 않겠다고 하자, 신숙주는 신하된 자의 도리가 아니라며 김종서를 거세게 몰아부쳤다.

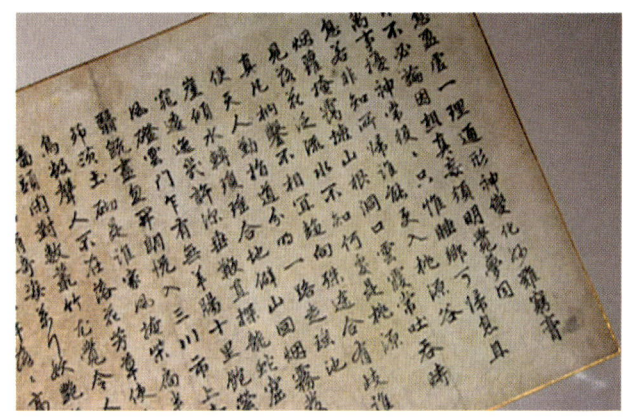

신숙주의 친필 〈몽유도원도〉.

《오례》는 세종께서 친히 쓰고 지우며, 취하고 버리고, 덜고 더하는 것을 스스로 단정하여 손때[手澤]가 아직 남았고, 우리들이 오랫동안 외람되이 시종(侍從)하며 평소에 목격(目擊)하였는데, 세종이 정력(精力)을 둔 바가 이보다 더함이 없었다. 이를 버리고 기록하지 아니하면서…… 신하가 되어 어찌 이렇게 임금을 섬길 수 있겠는가?

원로대신으로 권력의 중심에 있던 김종서에 맞서 정면 반박하는 신숙주의 이런 성향은, 마찬가지로 김종서 등 원로대신들과 대립하던 수양대군의 정치노선과 일맥상통했다. 수양대군 입장에서 신숙주는 포섭할 가치가 있는 인물이었다. 신숙주에 대한 수양대군의 관심을 보여주는 또 다른 일화가 단종 즉위년(1452) 10월 5일자 《실록》에 등장한다.

수양: 권자공은 외척으로 승지가 되었는데, 사람됨이 어떠한가?
신숙주: 그 사람됨을 보면, 크게 착하거나 악한 것이 없는데, 다만 침착하

《보한재집》. 신숙주가 남긴 시문집.

고 신중하지 못한 자이니, 그 연고를 다 말하지 말고 넌지시 빗대어 말하여 스스로 알게 하는 것이 좋을 듯합니다.

수양대군은 신숙주에게 인사에 대한 조언까지 구했던 것이다.

그렇다면 신숙주는 수양대군을 어떻게 봤을까? 신숙주의 시문집인 《보한재집保閑齋集》을 보면 그 역시 수양대군을 신뢰하고 인간적인 호의를 가진 것으로 기록되어 있다.

國士便蒙知 나라의 선비로 예우를 받았네. —《보한재집》권 제8 '광능만사(光陵挽辭)'

신숙주는 수양대군이 왕위에 오르기 전부터 의기투합했고, 수양대군으로부터 '나라의 선비로 대접받았다'고 말한다.

급기야 세조는 신숙주가 자신에게 중국 당나라 태종 대의 명재상 '위징(魏徵)'과 같은 인물이라고 공언하기에 이른다(《세조실록》세조 3년 3월 15일). 위징은 중국 역사상 가장 훌륭했던 재상으로 알려진 인물이다. 그런데 위징은 당나라 초기에 다른 왕자를 모시다가 당 태종이 임금이 되자 당 태종을 모셨다. 신용호 공주대학교 한문교육과 명예교수에 따르면 "당 태종이 조금만 잘못된 길을 가서 국리민복에 위배되는 일을 할 듯하면 앞장 서서 당태종을 바른 길로 인도했던 명재상"이 바로 위징이었다.

탁월한 젊은 관료로서 원로대신 김종서 등과 다른 정치적 입장을 가졌던 신숙주. 수양대군 세조는 그를 선택했다. 그리고 중국의 명재상 '위징'에 비유할 만큼 자신에게 비중 있는 인물로 삼았던 것이다.

젊고 패기 넘치는 천재 관료 신숙주를 선택한 세조의 판단은 정확했다. 신숙주 또한 세조를 선택했다.

그러나 이 선택 때문에 신숙주는 역사적으로 엇갈린 평가를 받게 된다. 그는 과연 처세의 달인이며 변절자인가, 아니면 나라의 기틀을 새로 짜기 위해 고뇌에 찬 결단을 내려야 했던 천재 관료인가? 이 물음에 대한 답은 간단치 않아 보인다.

이쯤에서 신숙주라는 인물을 좀 더 깊이 들여다 보자. 우선 그동안 잘 알려져 있지 않았던 신숙주의 관료로서의 진면목이다.

세조에 충성한 신숙주에 대한 논란

왕과 왕비의 신주를 모신 종묘(宗廟)의 정전(正殿)에는 모두 49위의 신주가 모셔져 있다. 그 맞은편에는 공신 83인의 위패를 모신 공신당이 있다. 정전에 모셔진 왕들의 공신으로 배향된 인물들이다. 황희 정승, 율곡 이이 등 내로라 하는 위인들의 위패와 나란히 문충공(文忠公) 신숙주의 위패가 있다. 그는 이곳에 조선 제9대 임금인 성종의 공신으로 배향되어 있다.

신숙주는 학문에 몰두하는 성실한 학자였다. 처음 집현전 학사가 되었을 때 신숙주는 마음껏 책을 읽을 수 있어 기뻐했다고 한다. 조

공신당. 공신 83인의 위패를 모신 곳으로 신숙주는 조선 제9대 임금인 성종의 공신으로 배향되어 있다.

선 전기 학자 서거정(徐居正)이 지은 한문 수필집 《필원잡기筆苑雜記》에는 집현전에서 밤늦게까지 책을 읽다가 잠든 신숙주에게 세종이 어의(御衣)를 내렸다는 일화도 소개되어 있다.

서울대학교 규장각한국학연구원에서는 조선 초기에 그려진 지도들을 전시하고 있는데, 이곳에서 신숙주의 또 다른 면모를 만날 수 있다. 신숙주가 그린 '해동제국총도(海東諸國總圖)'와 그 지도가 담긴

《해동제국기海東諸國記》다. 《해동제국기》는 성종 2년(1471)에 신숙주가 편찬한 일본 관련 서적으로, 일본에 사신으로 갔을 때의 내용을 적은 기행문이다.

신숙주는 일본을 정확히 알려면 일본에 대한 지도가 정확해야 한다는 인식을 갖고 있었다. 그래서 사신으로 있는 동안

《해동제국기》. 성종 2년(1471)에 신숙주가 편찬한 일본 관련 서적으로, 일본에 사신으로 갔을 때의 내용을 적은 기행문이다.

틈틈이 일본에 대한 정보를 수집했다. 《해동제국기》에는 일본 천황의 세계나 여러 가지 풍속, 곳곳의 거리와 지도까지 상세한 정보가 들어 있다. 신숙주는 그 정보들을 바탕으로 치밀한 일본 지도까지 남겼다. 서울대학교 규장각 한국학연구원의 신병주 박사는 《해동제국기》의 완성으로 그동안 일본에 대해 갖고 있던 조선의 시각이 전반적으로 바뀌게 되었다고 설명한다.

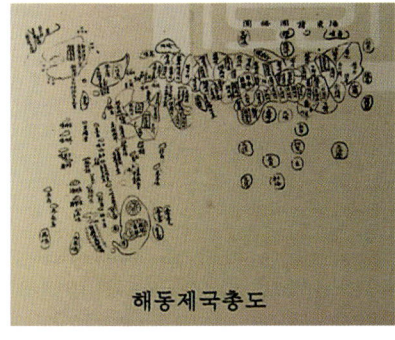
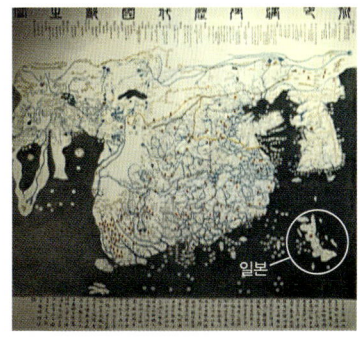

신숙주가 그린 일본 지도 〈해동제국총도〉는 혼일강리역대국지도(오른쪽)보다 정확하다는 평가를 받는다.

〈야전부시도〉(일부). 1460년인 세조 6년에 함길, 강원 양도 도체찰사 신숙주가 조선군을 이끌고 여진족을 정벌하는 장면을 그린 것이다.

해동제국총도는 당시로서는 매우 세밀하고 정확하다. '외교관' 신숙주의 치밀한 면모를 엿볼 수 있는 대목이다. 그보다 약간 앞선 시기의 지도인 〈혼일강리역대국도지도〉(1402)를 보면 일본이 지금의 오키나와 정도에 위치한 나라로 그려져 있다.

신숙주는 군사 분야에서도 특출한 인물이었다. 1460년인 세조 6년에 여진족을 정벌하는 장면을 그린 〈야전부시도〉를 보면, 전투가 한창인데 지휘관은 독특한 자세로 누워 있다. 여진 정벌에 나선 함길과 강원 양도 도체찰사, 즉 총사령관 신숙주다. 밤중에 여진족의 야습이 있던 순간이었다. 그러나 총사령관 신숙주의 반응은 의외였다. 아군이 진마다 떠들썩하게 적군을 맞아 싸우는데도 숙주는 막사에 드러누운 채 막료를 불러 시를 읊었던 것이다.

오랑캐 땅에 서리 치니 변방이 차가운데
기마병이 백리에 뻗쳐 있구나
밤 싸움은 쉬지 않고 동이 이미 트려 하는데
누워서 보니 북두성이 비끼네

적의 야습에도 태연하게 시를 읊은 신숙주의 대담함에 조선군의 사기가 올라갔고, 여진족은 야습을 포기하고 퇴각했다고 야사는 전한다.

오종록 교수는 신숙주가 조선의 군사적 위엄을 대외적으로 과시했던 마지막 인물이라고 평가한다. 조선이 마지막으로 여진에 대해 일종의 독자적 군사행동을 한 것은 신숙주가 총괄 지휘해서 함경도 북부 지역의 여진족을 공격했던 전투라는 설명이다. 그 후 두만강 너머에 있는 여진족 세력에 대한 실질적인 조선의 영향력은 무척 약화되었다.

'군사전략가' 신숙주의 역량은 저술에까지 이어진다. 그는 세조가 하사한 군사서적에 주석을 단 《병장설兵將說》을 간행했을 뿐 아니라, 국가의 의례절차를 담은 《오례의》 등 수많은 책을 편찬했다. 또한 《세종실록》 편찬에 참여했고, 《세조실록》과 《예종실록》의 편찬 책임을 맡았다. 그의 저술들은 조선의 문화부흥을 견인했다.

이처럼 신숙주는 여러 분야에서 나라의 기틀을 잡은 전문 관료였던 것이다. 신병주 박사는 한자 관료로서 신숙주는 한

신숙주가 간행한 《병장설》(1462)과 《오례의》(1474).

마디로 "조선 전기 문물제도를 완성한 총지휘자"라고 평가했다.

이후 신숙주는 그가 지지했던 세조의 손자인 성종을 왕위에 올리는 데도 결정적 역할을 한다. 세종에서 문종, 단종, 세조를 거쳐 예종, 성종에 이르기까지 여섯 임금을 보필하며 정치를 관할한 신숙주는 두 번의 영의정을 지냈으며 공신에 네 번이나 책봉되었다. 관료로서 최고의 길을 걸은 신숙주는 마침내 성종의 공신으로 종묘에 배향되었다.

| 신숙주의 관직 변화 |

- 1453년(37세/단종 1년): 계유정난으로 정난(靖難) 공신(2등공신)
- 1455년(39세/세조 1년): 세조 즉위의 공로로 좌익(佐翼) 공신(1등공신)
- 1458년(42세/세조 4년): 고령부원군(高靈府院君) 책봉
- 1460년(44세/세조 6년): 함길, 강원 양도 도체찰사로 여진족 정벌
- 1462년(46세/세조 8년): 영의정이 됨
- 1468년(52세/예종 즉위년): 원상(院相)이 됨. 남이 변란 평정 공로로 익대(翊戴) 공신(1등공신)
- 1471년(55세/성종 2년): 성종 즉위 공로로 좌리(佐理)공신(1등공신)

충신 성삼문 vs 공신 신숙주

창백한 지식인이 아니라 실천력을 겸비한 전문 관료로서 조선 초기

숱한 업적을 거둔 신숙주. 그런데 이런 인물을 왜 민중들은 싫어했을까? 비록 세조를 도왔고 그로 인해 세조의 공신이 되었지만, 신숙주는 한명회, 권람 등 다른 공신들에 비해 훨씬 청렴하고 탁월한 관료였다. 그런데도 그의 업적은 잊혀지고, 부정적인 평가만 남은 이유는 무엇일까? 여기에는 역사적 배경이 있다.

신숙주가 부정적인 인물로 각인되는 계기가 있었다. 바로 성삼문 등 사육신의 옥사였다.

> 세조: 네가 나에게 나으리라고 칭하고 있는데, 그러는 너도 내가 주는 녹봉을 먹지 않았느냐? 주는 녹을 먹고도 배반하니 이것이 반역 아니냐? 겉으로는 상왕을 복위시킨다 하지만 사실은 네가 왕위를 노리는 것 아니냐?
>
> 성삼문: 상왕이 계신데 어찌 나으리의 신하가 되겠습니까? 나는 나으리의 녹을 먹지 않았소. 믿지 못하신다면 나의 집을 몰수해서 조사해 보시면 녹이 그대로 있음을 알 수 있을 것이오. 나으리의 말은 모두 허망한 소리요.
>
> 성삼문: (임금 앞에 있는 신숙주에게) 네 이 놈! 옛날에 나와 함께 집현전에 숙직할 때 세종께서 어린 상왕을 안으시고 뜰을 거닐면서 말씀하시지 않았느냐? "나의 후대에 너희들이 이 아이를 잘 도와야 한다." 그 말씀이 아직 귓전에 남아 있는데 네가 어찌 이를 잊었는가? 너의 사악함이 이 정도에 이를 줄은 미처 생각지 못했도다.
>
> 세조: (신숙주에게) 뒤편으로 피하라.
>
> ―《연려실기술》제4권 '단종조 고사본말' 중

서울시 노량진에 있는 사육신의 묘.

야사에 의하면 국문장에서 성삼문이 신숙주를 나무라자 부끄러워하며 세조의 뒤로 물러났다고 한다. 또 《숙종실록》에 의하면 이때 세조가 성삼문의 충절을 높이 평가한 것으로 전해진다.

세조께서는 비록 위태롭고 의심스러운 때를 당하였으므로 이들을 제거하지 않을 수 없었으나, 사실은 그들의 지조를 아름답게 여겼습니다. 그래서 상시에 여러 신하에게 하교하시기를, "성삼문 등은 금세의 난신(亂臣)이나 후세의 충신이다" 하였고…….

—《숙종실록》숙종 6년 (1680) 12월 22일

성삼문은 모진 고문을 당한 후 온몸이 찢기는 '능지처참'으로 죽음을 당했지만, 후에 사육신으로 불리며 충절의 대명사가 되었다. 반면에 신숙주는 세조에 협력하며 관료로서 많은 업적을 쌓았다. 이처럼 당대에 신숙주와 성삼문, 두 사람이 지나간 발자취는 극명한 대조를 이루었다.

그러다 조선 중기 이후 사림파가 정계에 등장하면서 단종과 사육신에 대한 복권이 추진되고 평가도 달라지기 시작했다. 그리하여 숙종 24년에 사육신의 복권이 완료된다. 단종 복위운동 이후 240여 년

만이었다.

| '단종 복위운동' 참여자들의 복권 과정 |

- **세조 2년(1456)**: 단종 복위운동 발생
- **성종 9년(1478)**: 남효온(南孝溫) 육신전(六臣傳) 찬술
- **효종 9년(1478)**: 육신전유고(六臣傳遺稿) 간행
- **숙종 7년(1681)**: 노산군, 노산대군으로 칭호 격상
- **숙종 17년(1691)**: 성삼문 등 육신의 복작
- **숙종 24년(1698)**: 노산대군, 단종(端宗)으로 복위

신숙주의 길 vs 성삼문의 길

조선 중기 이후 성삼문 등 사육신의 완전한 복권은 신숙주의 평가에 부정적인 영향을 미친다. 김경수 청운대학교 교양학부(한국사) 교수는 사육신의 복권이 신숙주 평가에 영향을 미치게 된 배경에 대해 "16세기에 등장한 사림이 자신들의 이데올로기를 정착시키는 성삼문의 의리나 명분을 강조하다 보니 집현전 출신의 대표적인 인물인 신숙주가 상대적으로 깎아내려진 게 아닐까" 본다.

급기야 조선 후기에는 임금들까지 신숙주에 대한 폄하된 평가를 내린다. 조선 제24대 임금 헌종은 신숙주가 사육신이 되지 못한 것을 지적하면서 성삼문 등 사육신을 칭송했다.

> 신숙주는 어찌하여 사육신이 한 일을 하지 않았는가?…… 장하다. 사육신의 절개여. —《현종실록》현종 11년(1845) 11월 9일

이 시기부터 신숙주에 대한 민중의 폄하도 시작된다. 바로 숙주나물의 등장이다. 민간에서 신숙주의 변절을 미워하여 녹두나물을 숙주나물이라 불렀다는 것이다. 그러나 1808년에 편찬된 《만기요람萬機要覽》에는 녹두나물이 녹두장음(菉豆長音) 혹은 장음녹두(長音菉豆)라고만 표기되어 있다.

국민대학교 한국학연구소의 김승일 교수도 숙주나물이란 명칭이 등장하는 정확한 시점을 알기 어렵다고 지적한다. 김승일 교수에 따르면 기록에 녹두나물 혹은 숙주나물이라고 순 한글로 표기된 예는 찾아볼 수 없으며, 1930년대 소설 속에서 비로소 등장하기 시작한다. 이런 사실을 토대로 '숙주나물'이라는 단어를 그전부터 사용했으리라고 추정할 수 있을 뿐이라는 것이 김 교수의 견해다.

조선 후기 지식인들에 의한 신숙주의 폄하도 나타난다. 조선 후기 문인 이건창은 〈고령탄高靈歎〉(1886)이라는 시에서 만년의 신숙주가 인생을 회한하고 반성한 것처럼 묘사했다. 고령탄은 세조에 의해 고령군에 봉해졌던 신숙주가 자신의 과거에 대한 회한을 스스로 탄식하는 식으로 구성된 작품이다.

> 인생이 여기서 그치는구나
> 참으로 어려운 길을 왔도다

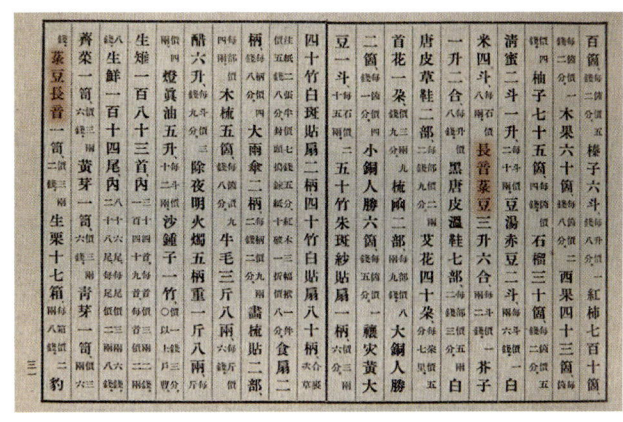

조선 후기 문헌인 《만기요람》에는 녹두나물이 녹두장음(菉豆長音) 혹은 장음녹두(長音菉豆)라고만 표기되어 있다.

이처럼 신숙주에 대한 세간의 폄하는 끈질겼다.

각자의 선택에 따라 다른 길을 걸었던 신숙주와 성삼문. 성삼문은 충문(忠文), 신숙주는 문충(文忠)이라는 시호를 받았다. 성삼문은 충이 앞서고, 신숙주는 문이 앞선다는 역사의 평가인 것이다.

자신의 정치적 야망을 이루기 위해 정통성 없는 정변을 일으켰던 수양대군 세조를 선택한 신숙주는 그 한 번의 판단 때문에 역사적·대중적으로 변절자라는 혹독한 평가를 받았다. 그러나 우리가 살펴본 대로 신숙주는 정치 권력가의 일면도 보이지만, 실천하는 전문 관료의 면모도 보여주었다. 그래서 최근 일부 학자들을 중심으로 신숙주에 대한 왜곡된 판단을 극복하고, 신숙주의 능력을 제대로 평가해야 한다는 주장도 나오고 있다.

그런데도 여전히 유효한 질문이 있다. 우리 앞에 역사적 선택의 길이 주어질 때 우리는 신숙주의 길을 걸을 것인가? 아니면 성삼문의 길을 걸을 것인가?

1907년 7월 14일 오후 7시.
네덜란드 헤이그에서 한 한국인이 죽었다.
고종황제의 마지막 특사였던 이준.
그는 헤이그에 온지 20일 만에 갑작스러운 죽음을 맞았다.
헤이그에서 치열하게 외교활동을 벌였던 이준 특사.
그에게 과연 무슨 일이 있었던 것일까?

20일간의 치열했던
헤이그 장외외교
―이준

헤이그 열사 이준(李儁·1859~1907)이 어떻게
헤이그에 특사로 가게 됐는지,
또 세계열강들이 모이는 만국평화회의에서
어떤 역할을 했는지에 대해서는 제대로 조명된 것이 없다.
대한제국의 외교특사로 이준이 네덜란드 헤이그에 머물렀던 기간은
단 20일.
100년 전, 헤이그에서 무슨 일이 있었을까?

헤이그의 문전박대

지구 반 바퀴를 돌아 이준 특사일행이 헤이그에 도착한 것은 1907년 6월 25일. 당시는 을사보호조약의 체결로 이미 외교권이 일본에 넘어간 시기다. 이들은 고종황제의 은밀한 지령을 받고 만국평화회의가 열리고 있는 헤이그를 찾았다.

이준, 이상설, 이위종 세 명의 특사는 우선 회의장으로 향했다. 만

만국평화회의가 열렸던 비넨호프 궁전.

제2차 만국평화회의.
1907년 6월 15일.

국평화회의가 열린 곳은 헤이그 시내 중심부에 위치한 비넨호프(Binnenhof) 궁전의 리더잘(Riderzaal; 기사의 회당). 만국평화회의는 식민지 쟁탈전으로 인해 급격히 늘어난 군비를 축소하고 평화를 유지하기 위해 마련된 국제회의다. 2차 만국평화회의에는 모두 45개국 200여 명의 대표가 참석할 예정이었다. 이곳에서 을사보호조약의 부당성을 알리고 한국이 주권국가임을 알리는 것이 특사들에게 주어진 임무였다.

첫날, 회의시간을 훌쩍 넘겨 도착한 특사 일행은 근처의 조그만 드용 호텔을 숙소로 정하고 행장을 풀었다. 다음 날 이준은 태극기를 호텔에 내거는 것으로 특사로서의 외교활동을 시작했다. 헤이그에 한국 대표가 왔다는 것을 대외적으로 천명하기 위해서였다. 그런 다음 세 사람은 만국평화회의에 정식으로 참석하기 위해 회의장을 찾았다.

만국평화회의는 특사들이 도착하기 열흘 전에 이미 시작돼 회의가

제1차 만국평화회의, 1899년.

한창이었다. 그런데 이준 특사 일행에게 회의장 문은 열리지 않았다. 정식 초청을 받지 않았다는 게 그 이유였다.

대한제국의 대표자격으로 당당히 헤이그를 찾은 이준 특사 일행. 그런데 이들은 왜 참석을 거절당한 것일까? 네덜란드 레이덴 대학의 쿤 취스테르 교수의 말처럼 "겉으로 드러난 이유는 명백했다." 당시 회의에 참가한 모든 열강은 1905년의 을사조약을 정당한 조약으로 인정하고 있었다. 즉 을사조약으로 한국의 외교권은 일본에 넘어간 상태이므로, 일본이 한국의 외교권을 대신 행사할 수 있다고 본 것이다. 따라서 공식적으로 한국이 참석한다는 것은 불가능했다. 그리고 그런 사실을 회의에 참석한 모든 나라의 대표들이 인정하고 있었다.

세계 평화를 구호로 내건 국제회의였지만 약소국에는 그 문을 열어주지 않은 것이다. 그러나 이준 특사 일행은 거기서 포기하지 않고 여러 가지 방법을 강구했다. 6월 27일에는 우선 회의장 밖에서 각국 대표를 만나 청원서를 전달했다. 한국이 처한 상황을 알리고 만국평화회의에 참석할 수 있게 해달라는, 일종의 호소문이었다.

> 대한제국은 일본의 외교권 침탈로 인해 세계 각국과의 외교 관계가 단절되었으므로, 각국 대표들에게 우리가 헤이그 회의에 참석할 수 있도록 도움을 요청합니다. 또한 일본의 무자비한 침탈로부터 우리의 권리를 지킬 수 있도록 중재해주실 것을 간청하는 바입니다.

이런 한국 특사들의 모습을 목격한 쓰즈키 가로쿠(都築馨六) 일본 대표는 곧장 "한국인들이 모든 나라의 수석대표에게 우리의 통치에 대한 항의서를 보내고 있다"고 본국으로 보고했다.

조선통감부에도 이 소식이 전달됐다. 당황한 이토 히로부미는 대한제국의 실권을 쥔 자신도 모르게 헤이그로 특사가 보내졌다는 사실에 분개했다. 이토는 곧바로 고종을 찾아가 이 일을 심하게 따져 물었다.

고종의 마지막 카드

고종은 왜 위험을 무릅쓰고 일본 몰래 헤이그로 특사를 보낸 것일까? 서영희 한국산업기술대학교 교양학과 교수에 따르면 고종은 "1900년 이후 러-일 간의 각축 속에서 군비증강을 통해 자위력을 키우기 위해 노력하는 한편, 열강의 중재를 통해 대한제국이 중립국가

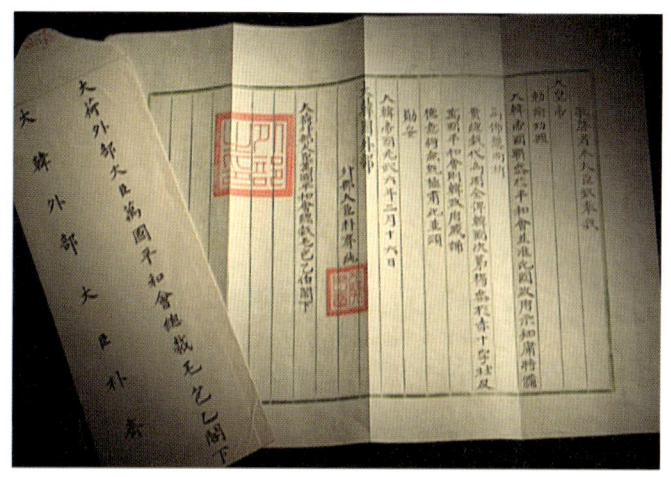

고종이 만국평화회의에 참석하게 해달라고 요청한 외교문서. 1902년 2월. 파리 주재 한국공사를 통해 네덜란드 외무장관에게 전달했다.

또는 독립국가로 보장받을 수 있는 기회를 노리고" 1901년 이후 러시아 등지에 계속 특사를 파견하고 있었다.

고종은 만국평화회의에 참석하기 위해 백방의 노력을 기울였다. 이에 대한 증거를 네덜란드 국립문서보관소에서 찾을 수 있다. 당시 만국평화회의와 관련된 모든 문서를 보관해놓은 외교문서집에 고종의 특사외교를 여실히 보여주는 한 장의 편지가 있다. 고종은 파리 주재 한국공사를 통해 이 문서를 네덜란드에 전달했다. 1903년에 접수된 고종의 편지에는 "한국정부가 1899년의 1차 만국평화회의 이후에 열릴 2차 회의와 1864년에 조직된 국제적십자연맹에 가입하기를 원한다"는 내용이 들어 있다. 국제 사회의 당당한 일원으로 참여함으로써 독립된 주권국가로 인정받고 싶어한 고종의 강력한 의지를 엿볼 수 있다.

고종은 만국평화회의에 대한제국이 당당한 주권국가로 참석할 수 있을 거란 큰 기대를 품고 있었다. 더구나 만국평화회의를 제창한 사

러시아의 니콜라이 2세.

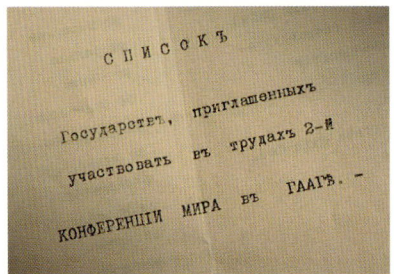

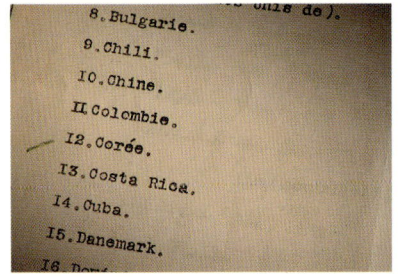

회의주최국인 러시아가 네덜란드에 보낸 2차 만국평화회의 초청국 명단. 명단의 열두 번째에 한국(corée)이 초청국으로 올라 있다.

람은 한국과 우호적인 관계를 유지하던 러시아의 황제 니콜라이 2세였다. 1899년에 개최된 제1차 만국평화회의에는 26개국이 참석한 가운데 전쟁규칙 등에 관한 논의가 이뤄졌다. 그 뒤 2차 만국평화회의가 1907년에 열리기로 계획되어 있었다.

더구나 원래 회의주최국인 러시아가 네덜란드에 보낸 2차 회의 초청국 명단에는 한국(Corée)도 분명 올라가 있다. 러시아가 한국을 초청한 데는 일본을 견제하기 위한 나름의 속내가 숨어 있었다. 러시아 동방학연구소의 반닌 교수에 따르면 당시 러시아는 일본의 한국 합병을 반대하는 대표적인 나라였다. 물론 러시아의 국내 상황에 따라 적극적으로 나서지 않고 뒤로 물러설 때도 있었지만, 기본적으로 한국이 독립국으로 남기를 원했다고 반닌 교수는 설명한다.

을사보호조약 이후 고립무원의 처지가 된 고종은 만국평화회의에 모든 기대를 걸었다. 회의에 참석하면 국제적으로 주권국가로 인정받을 수 있고, 일본의 침략 야욕도 막을 수 있을 거라 생각했다. 고종에게 만국평화회의는 절망적인 한국의 상황을 희망으로 바꿀 수 있는 마지막 카드였다.

고종의 기대를 저버리지 않기 위해 헤이그 특사들은 분주히 활동했다. 1907년 6월 30일, 회의에 참석하게 해달라고 요청하기 위해 특사들은 만국평화회의 부의장이었던 보폴트(Willem Hendrick de Beaufort · 1874~1918)의 집을 찾았다. 보폴트는 세 특사들을 만나 여러 가지 이야기를 나눴다. 최근 출간된 보폴트의 일기 속에는 헤이그 특사들과의 만남이 자세히 묘사돼 있다.

2차 만국평화회의 부회장이었던 보폴트와, 그가 남긴 일기. 한국의 세 특사는 보폴트를 찾아가 회의에 참석할 수 있게 해달라고 요청한다.

한국의 특사들이 나를 찾아왔다. 나에게 머물고 있는 숙소가 적힌 명함을 건넸다. 동양적인 젊은 남성은 일본인보다 중국인을 더 닮은 듯 했으며 불어를 유창하게 했다. 그들은 네덜란드 정부에 모든 기대를 거는 듯 했다. 왜냐하면 평화회의를 네덜란드에서 주최한데다, 네덜란드 국민이 세계에서 가장 공정한 민족이며 이런 민족이라면 한국 문제를 무시하지 않을 것이라 믿는 듯했다. 그들의 인상은 사기꾼 같지 않았고 그들은 왕의 전권을 갖고 있다고 말했다. 그래서 나도 네덜란드 정부와 상의하도록 권유했다.

보폴트의 권유대로 헤이그 특사들은 네덜란드 외무장관에게 회의 참석권을 요청하는 서한을 보낸다. 이 문서는 7월 1일자로 네덜란드

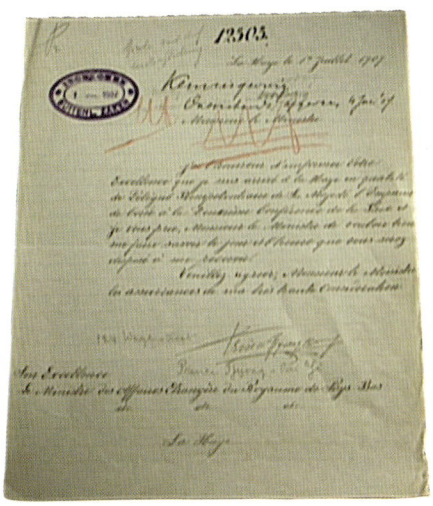

한국의 세 특사가 만국평화회의에 참석할 수 있는 권리를 요청하며 네덜란드 외무장관에게 보낸 서한. 1907년 7월 1일.

외무성을 통해 정식으로 접수되었다. 그 후에도 헤이그 특사들은 만국평화회의 참석권을 얻기 위해 각국 대표들을 만나 설득하는 등 치열한 외교활동을 벌였다.

한편 만국평화회의 참석국 중 최대 규모의 특사단을 파견한 일본은 물밑 작업을 통해 방해공작을 펼쳤다. 각국 대표들에게 한국의 외교권이 이미 을사조약을 통해 일본으로 넘어왔음을 주지시킨 것이다.

한편 한국을 철저히 통제한다고 자부했던 이토는 이준이 어떻게 감시망을 뚫고 헤이그까지 갔는지 의아해했다. 그는 헤이그로 전문을 보내 "헤이그에서 활동 중인 한국인 세 명의 이름은 무엇인가? 그들의 배후에서 미국인 헐버트라는 자가 지휘하는 것 아닌가?" 물었다.

일본은 이른바 을사보호조약의 체결로 한국의 모든 것을 장악하고 있었다. 그런 상황에서 고종은 어떻게 외교특사를 파견해 헤이그로 보낼 수 있었을까? 이 의문을 푸는 데 결정적인 단서를 제공하는 인물이 있다. 바로 미국인 헐버트다. 이토 통감이 헤이그에 보낸 전문을 보면 이준 특사 일행의 배후로 미국인 헐버트를 지목하고 있다. 헐버트가 과연 누구기에 일본은 그를 주목했던 것일까?

서울 마포구에 위치한 양화진 외국인 묘지에 있는 헐버트(Homer B. Hulbert)의 묘.

고종이 선택한 남자

서울 마포구에 위치한 양화진 외국인 묘지에는 미국인 헐버트(Homer B. Hulbert · 1863~1949)가 묻혀 있다. 생전에 죽으면 한국 땅에 묻히고 싶다고 이야기할 만큼 한국 사랑이 지극했던 헐버트는 고종을 최측근에서 보필하며, 미국 등 서방국가와의 대화창구 역할을 했다.

처음 영어교사로 한국 땅을 밟았던 헐버트는 일본의 침탈행위를 목격하면서 항일운동에 적극 뛰어들었다. 을사조약이 체결될 당시에는 조약의 부당함을 알리는 고종의 친서를 미국에 전달하는 역할을 하기도 했다.

고종이 헐버트를 밀사로 활용할 수 있었던 것은, 그가 미국인으로서 누구보다 신분이 자유로웠기 때문이다. 원래 고종은 만국평화회의에 헐버트를 특사로 파견할 계획을 세웠었다. 그러나 이러한 사실을 미리 알아챈 일본 당국이 계속 감시의 눈길을 보냈다. 하는 수 없이 고종은 헐버트와는 별도로 헤이그 특사를 몰래 임명했다.

그가 바로 이준이다. 이준은 평리원 검사 출신으로 친일 행동을 한 상사를 고소해 면직된 인물이다. 당시 이 사건을 눈여겨본 고종은 이준에게 큰 기대를 걸었다.

국민대학교 박물관의 이계형 박사는 "이준이 평리원 검사 시절에 보여줬던 강직함과 뛰어난 법리해석 등을 보며 고종이 이준을 남다르게 평가하고 있지 않았을까" 해석한다. 그런 인물이야말로 헤이그에서 을사늑약의 부당성을 얘기할 수 있고, 일제의 침략성을 고발하는 데 적합하다고 생각했을 것이라는 말이다.

헤이그 특사로 임무를 부여받은 이준은 4월 22일, 홀로 길을 나선다. 아내에게조차 부산에 잠시 다녀온다고 말할 정도로 주변의 감시를 피하기 위해 애썼다고 전한다.

이준이 서울을 떠난 뒤 헐버트도 곧장 한국을 떠났다. 일본은 헐버트의 일거수일투족을 철저히 감시하고 있었다. 그 증거가 일본의 첩보자료에 남아 있다.

헐버트는 10일 오전 10시 20분경 고베 시에 와서 시내 올리비아 호텔에 투숙했고, 11일 오전 8시 18분 열차로 쓰루가 항구로 출발하였다.

일본이 헐버트를 주시하는 사이, 이준은 무사히 한국을 빠져나갔다. 서울을 떠난 지 4일 만에 블라디보스토크에 도착한 이준은 그곳에서 또 한 명의 특사를 만난다. 한국으로부터 미리 연락을 받은 이상설(李相卨·1870~1917)이다. 그는 을사보호조약 이후 만주로 망명해 항일운동을 펼치고 있었다.

블라디보스토크에서 합류한 두 사람은 시베리아 열차에 몸을 실었다. 헤이그로 향하기 전에 들러야 할 곳이 또 있었다. 기차는 블라디보스토크에서 출발해 9300킬로미터가 넘는 거리를 쉼 없이 달렸다. 목적지는 당시 러시아의 수도였던 상트페테르부르크. 뱃길로 갔다면 한 달이 넘게 걸리는 거리다. 기차를 이용한 덕분에 두 사람은 보름 만에 상트페테르부르크에 도착했다.

도착 즉시 이준과 이상설은 전 러시아 공사인 이범진(李範晉·1852~1910)을 찾아 나섰다. 을사보호조약 이후 일본은 외국에 있는 한국공관을 폐쇄하고 공관원들은 모두 철수할 것을 명령했다. 그러나 러시아 공사였던 이범진은 일본의 명령을 따르지 않고 러시아에 남아 있었다. 고종의 은밀한 지령이 있었기 때문이다.

이준을 만난 자리에서 이범진은 자신의 아들, 이위종을 소개했다. 아버지를 따라 외국에서 생활했던 이위종은 영어, 프랑스어, 러시아어에 능통했다. 이위종의 합류로 헤이그 특사단은 드디어 온전한 팀을 꾸렸다.

쿤 취스테르 교수는 세 사람이 한국의 상황을 잘 대변할 수 있는 완벽한 조합이었다고 평가했다. 구체적으로 "이상설은 을사조약이 강제로 체결될 당시 일본이 한국에 가한 모든 압박을 목격한 인물이다. 두 번째로 이준은 법률가로서 을사조약의 법적 부당성을 설명할 수 있고, 국제법적 관점에서 을사조약이 무효임을 보여줄 수 있는 인물이었다. 마지막으로 이위종은 훌륭한 통역관이었다. 이위종은 당시 외교 언어인 불어를 아주 능숙하게 했기에 한국 특사들의 대화창구가 될 수 있었으며 그 역할을 아주 잘 수행해냈다."

그런데 특사 일행은 곧장 헤이그로 향하지 않고 러시아에서 10여 일을 지체한다. 무슨 이유에서일까? 특사 일행은 러시아 황제 니콜라이 2세를 만나 도움을 요청하려고 했었다. 하지만 고종의 친서만 전달하고 결국 만나지 못했다.

그 이유는 당시 러시아의 정책적 변화 때문이었다. 모스크바대학교 한국학센터의 박종효 교수에 따르면 당시 러시아는 이미 한국의 독립 지지 정책을 포기하고, 일본과 한 배를 타는 쪽으로 정책을 바꾼 상태였다. 그런데 그 사실을 한국 특사들에게 정확히 이야기하지 않고 차일피일 만남을 미루며 출장 중이다, 바쁘다는 식의 변명을 해댔다는 것이다. 또한 러시아 외상이 반전주의자인 이즈볼스키로 바뀌면서 일본과 화해 무드로 돌아선 상태였다. 이런 상황에서 러시아는 더 이상 한국을 도울 이유가 없었던 것이다.

헤이그 특사들이 러시아를 찾은 그때도 러시아는 일본과 비밀협상을 진행하는 중이었다. 러일전쟁에서 일본에 패한 러시아는 한국에서 일본의 우위권을 인정하고 어떤 간섭과 방해도 하지 않는다는 약속을 하고, 대신 만주와 외몽골에서의 권익을 승인받았다.

결국 러시아 황제와의 만남이 무산되면서 특사들의 일정에 차질이 생겼다. 이준 일행은 상트페테르부르크에서 기차를 타고 베를린, 브뤼

셀을 거쳐 네덜란드 헤이그에 도착했다. 서울을 출발한 지 두 달 만에 1만 2000킬로미터가 넘는 거리를 이동한 후였다. 이때가 1907년 6월 25일. 이준 특사 일행이 헤이그에 도착했을 때는 이미 만국평화회의가 개막한 지 열흘이 지난 뒤였다.

도움을 줄 것이라 믿었던 러시아 측의 배신과 일본의 방해공작. 만국평화회의장 밖에서 이들이 할 수 있는 일은 무엇이었을까?

회의장 밖의 외교활동

만국평화회의장 안으로 들어가지 못한 헤이그 특사들은 도움을 청하기 위해 6월 29일 만국평화회의 의장이자 러시아 대표인 넬리도프

1907년 이즈볼스키 외상(오른쪽)이 넬리도프(M. Nelidov)에게 보낸 전문. 한국의 특사들이 뭔가를 부탁해도 들어줘선 안 된다는 내용이 적혀 있다.

만국평화회의가 열리자 비넨호프 주변에 많은 시민운동가와 언론인들이 속속 모여들었다.

(M. Nelidov)를 찾아간다. 그러나 넬리도프 의장은 이준 특사 일행을 만나주지 않았다. 넬리도프는 이미 본국의 이즈볼스키 외상이 보낸 한 통의 전문을 받은 상황이었다.

> 상트페테르부르크에 이준과 이상설이라는 두 명의 한국인들이 막 도착했다고 합니다. 혹시나 이 두 사람이 헤이그에 와서 백작께 뭔가 주선을 부탁할 경우 백작께선 이들과 교섭을 하셔서는 안 될 것입니다.

특사들은 이런 사실을 알 길이 없었고, 만국평화회의 참석은 끝내 거부됐다.

그러나 이들에겐 또 다른 기회가 기다리고 있었다. 당시 유럽은 시민운동이 태동하던 시기로, 식민지를 쟁탈하는 제국주의에 반대하는 목소리가 조금씩 커져갔다. 그 와중에 만국평화회의가 열리자 많은

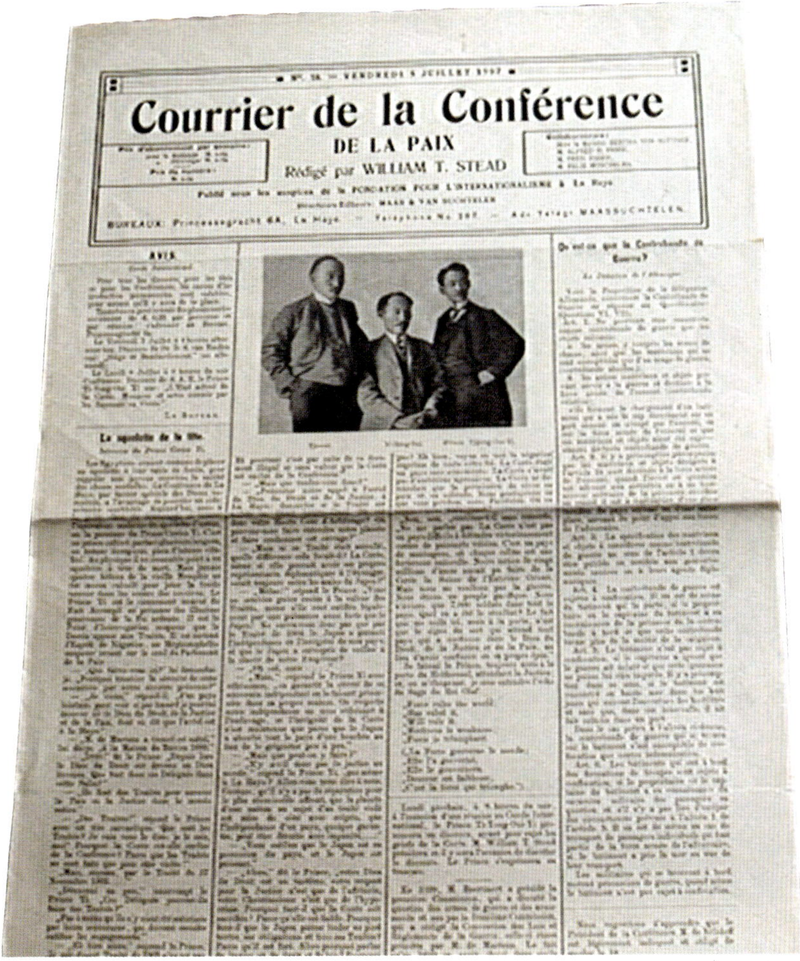

Courrier de la Conférence

DE LA PAIX

Rédigé par WILLIAM T. STEAD

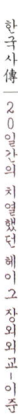

1면에 한국에 관한 기사가 대서특필된 1907년 7월 5일자 〈평화회의보〉.

시민운동가들이 헤이그로 속속 모여들었다. 언론인도 150명 이상이 모여들 정도로 평화회의에 대한 관심이 대단했다.

이것을 기회로 특사들은 장외 외교활동에 들어갔다. 시민운동가들에게 한국의 상황을 알리기 시작한 것이다. 그때 이들의 모습을 지켜본 윌리엄 스테드. 평화주의자이자 언론인인 그는 회의 기간 동안 일

간지 〈평화회의보Courrier de la Conférence DE LA PAIX〉를 발행하고 있었다. 한국 대표들에게 강한 인상을 받은 스테드는 이들에 대한 기사를 작성해 1907년 7월 5일자 〈평화회의보〉에 실었다. 회의 기간 동안 가장 영향력 있는 언론매체였던 〈평화회의보〉 1면에 한국에 관한 기사가 대서특필된 것이다. 신문에는 한국대표들의 사진과 함께 이위종과의 인터뷰 내용이 상세히 소개됐다.

스테드: 여기서 무엇을 하십니까? 왜 이 평화회의에 파문을 던지려고 하십니까?

이위종: 저는 아주 먼 나라에서 왔습니다. 이곳에 온 목적은 법과 정의를 찾기 위해서입니다. 그런데 각국 대표단들은 무엇을 하는 겁니까?

스테드: 그들은 세계의 평화와 정의를 구현하려는 목적으로 조약을 맺게 됩니다.

이위종: 조약이라구요? 그렇다면 소위 1905년 조약은 조약이 아닙니다. 그것은 저희 황제의 허가를 받지 않은 채 체결된 하나의 협약일 뿐입니다. 한국 입장에서 이 조약은 무효입니다.

스테드: 하지만 일본은 힘이 있다는 것을 잊으셨군요.

이위종: 그렇다면 당신들의 정의는 겉치레에 불과하며 기독교 신앙은 위선일 뿐입니다. 왜 한국이 희생되어야 합니까? 일본이 힘이 있기 때문인가요? 이곳에서 정의와 법과 권리에 대해 말해보았자 무슨 소용이 있겠습니까. 왜 차라리 솔직하게 총칼이 당신들의 유일한 법전이며 강한 자는 처벌받지 않는다고 고백하지 못하는 겁니까.

만국평화회의 당시 신문에 실렸던 한국과, 일본을 비롯한 열강들의 관계를 보여주는 삽화.

한국 특사들의 이유 있는 항변에 깊은 감명을 받은 스테드는 1907년 7월 8일 저녁 8시 프레스센터에서 특사들을 위한 특별한 자리를 마련했다. 그 자리에서 이위종은 다음과 같은 요지의 연설을 했다.

> 한국은 산이 많고 그 산의 골짜기 하나하나가 천연 요새입니다. 우리 2000만 국민은 한국을 동북아시아의 스위스로 만들 수 있었습니다. 우리는 평화를 사랑하는 민족이었고 전쟁을 원하지 않았습니다. 그런데 결과는 어떤가요? 지금 일본은 한국을 집어삼키려 하고 있습니다. 하지만 한국은 외세가 침략했다고 손쉽게 무릎을 꿇을 나라가 아닙니다.

이위종의 연설은 큰 반향을 일으켰다. 연설회에 참석한 몇몇 기자들은 한국에서 일본의 만행을 중단시키는 결의안을 채택하자고 주장했다. 이후 서방언론들이 한국이 처한 현실을 자세히 다루기 시작했다. 헤이그 특사들의 외교활동은 일본의 침략으로 위기에 처한 한국의 사정을 세계에 알리는 계기가 된 것이다.

헤이그에 온 이준 일행은 짧은 기간 동안 무척 열정적으로 활동했다. 예상치 못한 이들의 활약에 일본은 긴장할 수밖에 없었다.

그런데 이준 특사가 헤이그로 출발한 뒤 한국을 떠난 헐버트는 그때까지 모습을 드러내지 않고 있었다. 헐버트는 이준 특사 일행이 도착해 장외외교가 한창이던 7월 10일 헤이그에 도착했지만, 무슨 영문인지 당일 저녁에 바로 미국으로 떠나버렸다. 그 다음 날 이위종도 러시아로 떠나고 만다.

평화회의가 앞으로 3개월이나 더 남아 있는 시점에서 두 사람은 왜 돌연 헤이그를 떠났을까? 이때부터 이준특사 일행의 행적이 의문투성이다.

급작스런 이준의 죽음

특사들의 장외외교가 한창이던 7월 10일. 고종의 또 다른 특사였던 헐버트가 헤이그에 도착했다. 한자리에 모인 이준 특사일행과 헐버트. 이들은 어떤 대화를 나눴을까? 이준 일행은 비록 만국평화회의에는 참석하지 못했지만 장외 외교활동을 통해 소기의 성과를 거둔 상태였다. 국제적으로 한국에 대한 동정여론이 생긴 때를 이용해 다시 한 번 미국에 지원사격을 부탁하고자 계획했던 것으로 보인다. 그 역할을 수행하기 위해 헐버트는 곧장 헤이그를 떠나 미국으로 갔다. 그는 루즈벨트 대통령을 만나 고종의 친서를 전달할 계획이었다.

그런데 다음 날 러시아로부터 부인이 아프다는 전보를 받은 이위종은 하는 수 없이 급히 열차를 타고 가족이 있는 러시아 상트페테르부르크로 향했다. 이렇게 해서 헤이그에는 이준, 이상설 두 명만 남게 됐다. 그동안 입이 되어주었던 이위종이 떠나자 두 사람은 외부와의 소통이 어려워졌다.

이위종이 러시아를 떠난 지 3일 후인 1907년 7월 14일 저녁 7시. 드용 호텔에서 예상치 못한 일이 일어난다. 이준의 사망. 헤이그에 특사로 온 지 20일 만에 이준은 돌연 호텔방에서 숨을 거둔 것이다.

이준은 왜 갑자기 죽은 것일까? 우리는 100년의 세월을 뛰어넘어 이준의 죽음에 대한 단서를 찾아 나섰다. 처음 찾아간 곳은 헤이그 시립문서보관소. 이곳에는 지난 200년간 헤이그에서 사망한 모든 사람들의 기록이 남아 있다. 거기서 우리가 찾던 낯익은 이름을 발견했다. 이준의 사망기록부에는 "이준이 한국인 법률가이고 한국 서울 출신의 기혼자로 나이는 49세. 7월 14일 저녁 7시에 사망했다"는 내용이 실려 있다.

헤이그 시립문서보관소에 남아 있는 이준의 사망기록부.

그러나 사인은 없었다. 왜 죽음의 원인에 대한 기록이 남아 있지 않은 것일까?

헤이그 시립문서보관소의 사망기록부는 의사가 건네준 사망진단서를 바탕으로 작성되는데, 사망진단서는 사망기록부가 작성된 지 1년 뒤에 폐기된다. 따라서 이준이 왜 죽었는지 진짜 사망 원인은 확인할 길이 없다.

이준의 사망 소식을 다룬 네덜란드의 〈뉴코란트〉.

그렇다면 당시 신문에는 보도가 되지 않았을까? 네덜란드 왕립도서관에서 이준의 죽음에 관한 신문기사들을 찾아보기로 했다. 이곳에선 1900년 이후부터 발행된 신문자료들을 검색할 수 있다. 1907년 7월 16일자 〈뉴코란트신문〉에 이준의 장례식의 관한 기사가 실려 있었다. 신문에 따르면 장례연설은 없었고, 아주 조용하고 침울한 분위기 속에서 장례식이 치러졌는데, 그때 같이 왔던 한국 사람(이상설)이 마치 자기 삶을 빼앗긴 것처럼 큰소리로 통곡했다고 한다. 또 7월 16일자 헤이그발 〈뉴욕타임스〉에는 이준의 자살설이 돈다는 기사가 짧게 실렸다. 그러나 어느 신문도 명확한 사인에 대해서는 언급하지 않았다.

마지막으로 일본의 첩보기록을 찾아보았다. 당시 일본은 헤이그에서 활동한 한국인들의 동정을 매일 본국에 보고하고 있었다. 헤이그에서 일본으로 보낸 많은 전문 가운데 이준의 죽음에 관한 기록을 찾을 수 있었다.

그런데 전문에는 예상 밖의 내용이 실려 있다.

> 한국인 이준의 얼굴에 난 종기를 절개한 결과, 단독에 걸려 어제 사망해 오늘 아침에 매장했음. 장지에 모인 사람은 호텔 종업원과 동행한 한국인뿐이었음. 자살했다고 풍문이 있기도 했지만 단독(丹毒)으로 죽었다는 사실이 세상에 알려질 것으로 믿음. —1907년 7월 16일 전문

일본이 말한 단독이란 세균이 피부에 침투해 생기는 병이다. 단독에 걸리면 상처 부위에 크게 염증이 생기고 살이 곪아 들어가기 때문에 얼굴에 큰 자국이 남는다. 피부과 전문의인 장경애 박사의 설명에 따르면 "단독은 국부 감염성 질환으로 피부에 염증이 생겨 붓고 짓무를 수는 있지만, 그 자체가 원인이 되어 죽음에 이르지는 않는다"고 한다. 환자가 에이즈에 걸렸거나 항암치료를 받느라 면역이 떨어진 상태가 아니라면, 단독으로 죽는 일은 있을 수 없다는 것이다.

〈평화회의보〉 1면에 실렸던 이준의 사진.

이준이 죽기 열흘 전 〈평화회의보〉에 실린 사진을 보면 얼굴엔 별다른 징후 없이 건강한 모습이다. 그런데도 일본은 이준이 단독이란 병으로 죽었다고 여론몰이를 했다. 왜 일본은 이준의 죽음을 병사로 몬 것일까?

국민대 박물관의 이계형 박사는 일제가 이준의 병사설을 퍼트린 이

유는 "이준의 사인에 대한 분란을 사전에 차단하려는 의도에서였을 것"으로 보았다. 당시 이준이 뜻을 이루지 못하고 자살했다는 것이 사실로 밝혀지면 서구 열강이 동요할 수도 있고, 그러면 일제가 한국을 통치하는 데 악영향을 미칠 수 있다는 점을 고려했다는 것이다.

두 번 죽임을 당한 세 특사

그렇다면 혹시 큰 뜻을 이루지 못한 절망과 좌절, 이것이 이준을 죽음으로 몰고 간 것은 아닐까?

러시아로 떠났던 이위종은 이준의 사망소식을 듣고 급히 헤이그로 돌아왔다. 그리고 1907년 7월 20일자 〈평화회의보〉와의 인터뷰에서 이준의 죽음에 관해 이렇게 말했다.

> 저는 상트페테르부르크에서 그가 죽었다는 급보를 받고 믿을 수가 없었습니다. 너무나 갑작스럽고 절대 생각지도 못하던 일이었기 때문입니다. 며칠 동안 그는 음식을 입에 대지 않았습니다. 죽기 몇 시간 전, 그는 의식을 잃은 것처럼 누워 잠들어 있었습니다. 그러다 갑자기 깨어나서는 소리쳤습니다. "조국을 구원하소서. 일본이 한국을 침탈하고 있습니다." 이것이 그가 남긴 마지막 말입니다.

빼앗긴 조국의 주권을 되찾겠다는 사명으로 헤이그를 찾은 이준에

이준 열사의 묘. 서울 수유동 산 127번지.

게 세계 열강의 벽은 너무나 높았다. 먼 이국땅에서 느꼈을 나라 없는 국민의 설움과 울분. 이런 상황에서 이준이 선택할 수 있는 것은 죽음뿐이 아니었을까.

헤이그에서의 이준의 죽음은 국내에도 전해졌다. 항일 논조가 강했던 〈대한매일신보〉는 1907년 7월 18일자 기사에서 이준이 할복 자결한 것으로 보도했다.

> 전 평리원 검사 이준이 만국평화회의에 한국 특사로 갔던 일은 모두가 다 아는 사실이거니와, 어제 들어온 동경발 전보에 의하면 이준이 분한 마음을 이기지 못하고 자결해 만국 사신 앞에 피를 뿌려서 만국을 놀라게 하였다.

그러나 비극적인 결말이 전부는 아니었다. 타국에서 벌인 이준의 외교활동과 죽음은 민족혼인 독립정신으로 이어졌다. 식민지 시대, 일제의 탄압과 억압 속에서도 줄기차게 이어져온 항일 구국운동의 밑바탕에 이준이 있었던 것이다.

헤이그 특사 사건으로 고종을 퇴위시킨 일본은 다시 한 번 용서받지 못할 만행을 저지른다.

이상설 사형, 이위종 종신형, 이준 종신형.

1907년 8월 9일에 열린 헤이그 특사 사건 궐석 재판에서 이미 이 세상 사람이 아닌 이준에게 종신형을 선고한 것이다.

그 후 한국이 일제의 식민지로 전락하면서 이준 열사의 유해는 오랫동안 고국에 돌아오지 못한 채 헤이그의 뉴에이크다우 공동묘지에 잠들어 있었다. 그리고 역사는 그를 잠시 외면했다. 헤이그 특사로서의 활동도, 죽음도 제대로 조명받지 못한 채 이준은 먼 이국땅에서 근대사의 아픔을 간직한 채 침묵하고 있었다.

네덜란드 헤이그의 뉴에이크다우 공동묘지에 있던 이준 열사의 묘적.

이준 열사의 유해는 그가 숨진 지 56년 만인 1963년에야 한국으로 돌아왔다.

나라가 힘없이 쓰러져가던 구한말은 분명 우리 역사에서 다시 돌아보고 싶지 않은 시기다. 그러나 지나간 역사를 묻어둔다면 과거의 실패를 오늘의 역사에서 되풀이할 수밖에 없다.

  나라의 운명이 강대국에 의해 좌지우지되던 그 시절, 멀고 낯선 땅에서 치열하게 외교활동을 펼친 이준의 노력은 오늘을 사는 우리에게 많은 것을 시사한다. 이준의 죽음이 남긴 의미를 다시 한 번 되새겨야 하는 이유도 여기에 있다.

한국사
傳
6

1762년 윤5월 13일.
영조는 아들 사도세자를 뒤주 속에 가둔다.
울부짖는 아들의 애원에도 불구하고
뒤주에 못질을 한 아버지..
영조는 왜 아들을 죽여야 했을까?

슈퍼맨
아버지의 눈물
— 영조

사도세자(1735~1762)의 비극적인 죽음.
아버지가 아들을 죽인다는 건 우리 역사상에서는 물론,
오늘날에도 좀처럼 찾아보기 힘든 사건이다.
게다가 많은 사람들이 사도세자의 죽음을 기억하는 이유는
비극의 주인공이 왕과 왕세자라는 사실,
그리고 뒤주 속에 갇혀 죽었다는 특수한 상황 때문이다.
흔히 이 비극의 발단이 사도세자의 정신병 때문이라고 말한다.
이것이 과연 아들을 죽일 만한 이유가 되었을까?
사실 이 사건에는 이해할 수 없는 여러 의혹들이 곳곳에 숨어 있다.

21세기에 밝혀진 사도세자의 병

사도세자의 비극은 1762년 나경언이 사도세자의 비행을 고변한 사건에서 시작되었다. 나경언이 왕에게 올린 한 장의 고변서에는 10여 가지에 이르는 사도세자의 비행이 조목조목 열거돼 있었다. 내용은 충격적이었다. 그러나 영조가 그 자리에서 고변서를 불태워버렸기 때문에 구체적으로 알려진 고변 내용은 영조의 입에서 나온 것이 전부다.

나경언의 고변을 들은 영조는 영조 38년(1762) 5월 22일 노발대발하며 사도세자를 불러 추궁했다.

> 네가 후궁을 죽이고 여승을 궁으로 불러들였느냐? 그리고 성문 밖으로 나가 놀았다는데 이것이 과연 세자로서 할 일이냐?

영조의 말에 따르면 사도세자가 정신병 때문에 자신의 첩인 임씨를 죽였고, 비구니를 궁중에 끌어들여 풍기를 어지럽혔으며, 부왕의 허락도 없이 평양으로 몰래 놀러 나가는 등 수많은 비행을 저질렀다

영조부터 정조 때까지 3대에 걸친 어필서한집.
일본 야마구치현립도서관 소장.

는 것이다. 과연 사도세자는 죽임을 당할 만큼 심각한 정신병을 앓았던 것일까?

일본의 야마구치현립도서관에서 사건의 내막을 알려주는 중요한 실마리를 발견했다. 왕실의 전용 문양인 용무늬로 장식된 고급스런 표지에 싸인 11권의 서첩들. 영조부터 정조까지 3대에 이르는 어필서한집이다. 이 서첩들 속에서 사도세자의 편지도 발견되었다.

편지는 사도세자가 열 살 때 혜경궁 홍씨와 혼인한 후 처가에 안부를 묻는 것으로 시작한다. 꽃그림이 인쇄된 고급 편지지에 봉투까지 정성스럽게 제본되어 있다. 사도세자의 친필 편지는 모두 스물여섯 통으로 대부분 장인인 홍봉한(洪鳳漢 · 1713~1778) 앞으로 보낸 것들이다. 진하고 힘이 있는 필체가 눈에 띄는 반면, 흐릿하거나 고쳐 쓴 흔적들도 보인다.

함께 사도세자의 편지를 들여다본 권두환 서울대학교 국문과 교수는 "장인에게 보낸 편지이기 때문에 사적인 기록으로서는 최고의 가치를 지닌다"고 평가했다. 편지 곳곳에는 누구에게도 말할 수 없는 개인적인 고민을 털어놓은 것이나, 사도세자가 앓고 있던 병에 대해 직접적으로 기술한 내용 등 오랫동안 베일에 싸여 있던 수수께끼를 풀 수 있는 실마리가 엿보인다.

죽기 6년 전의 편지에서는 봄을 맞아 안부를 물으면서 "나는 한 가지 병이 깊어 나을 기미가 보이지 않는다"고 자신의 흉중을 털어놓고 있다.

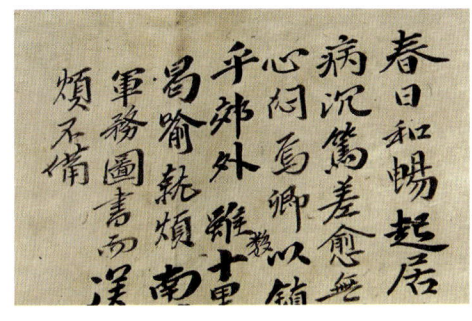

사도세자가 장인에게 보낸 편지. 봄을 맞아 안부를 물으면서 자신은 "한 가지 병이 깊어 나을 기미가 보이지 않는다"고 흉중을 털어놓고 있다.

그동안 논란이 되어왔던 사도세자의 정신병 문제가 친필편지를 통해 최초로 확인된 것이다. 사도세자는 불안과 초조함을 호소하는 신경증, 번개와 천둥소리조차 두려워하는 공포증(뇌벽증), 그리고 옷을 제대로 입지 못하는 강박증(의대증)을 가지고 있었다고 한다.

김영진 신경정신과 전문의는 사도세자가 "요즘으로 치자면 공포증, 우울증, 공황발작, 강박증 등 여러 가지 형태의 신경증 증상이 복합적으로, 때에 따라 조금씩 양상을 달리해서 나타나는 증상을 보였을 것"이라고 추측한다. 사도세자의 병세는 뭔가에 억눌린 심리 상태에서 비롯되었고, 오랜 시간 지속되면서 신경증 형태로 발전했던 것이다. 편지글에서 보듯이 세자 자신도 병세를 의식하고 있었고, 이를 치료하기 위해 노력했다.

그런데 이상한 점은 세자가 자신의 병에 대해 의원들과 논의하기를 꺼렸다는 사실이다. 1753년에서 1754년 사이의 편지를 보면 "열은 높고 울화는 극도에 달해 마치 미칠 듯합니다. 이런 증세는 의관과 더불어 상의할 수가 없습니다"라는 대목이 나온다. 그 사실을 정확히 확인할 수 있는 구절이 뒤에 나온다. 구체적으로 "장인어른은 평소에 울화를 씻어내는 그런 약재를 잘 알고 계시니까 잠시 약을 제조해서 보내주시는 것이 어떻습니까"라고 사도세자는 편지에 덧붙였다.

자세히 살펴보면 편지를 보낼 때 다시 한 번 읽어보다가 몰래 '잠(潛)' 자를 추가로 써넣었다는 것을 확인할 수 있다. 극단적으로 말하면 부왕에게는 이런 사실을 끝까지 알리고 싶지 않다는 심정을 드러낸 것이다.

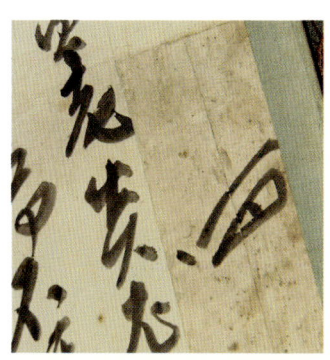

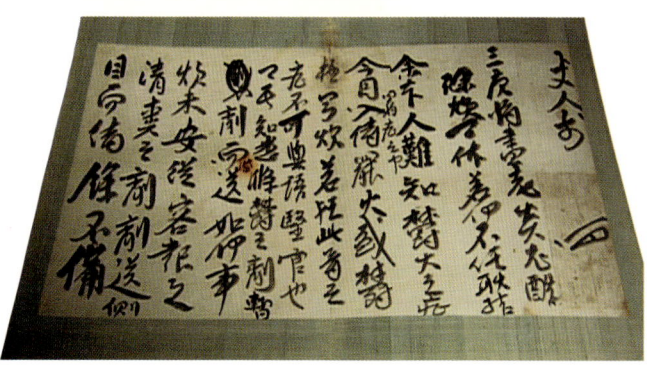

오른쪽에 사도세자의 수결이 들어가 있는 사도세자의 친필 편지. 중간에 비밀로 해달라는 뜻에서 잠(潛)이란 글자를 덧붙인 게 보인다.

슈퍼맨 아버지와 평범한 아들

1735년 1월, 영조는 마침내 고대하던 아들을 얻었다. 큰아들 효장세자가 죽은 후 7년 동안이나 후사가 없어 애를 태우던 때였다. 왕자의 탄생은 곧 왕권의 안정을 의미했다. 오랫동안 기다렸던 왕통의 후계자. 더구나 마흔이 넘어 얻은 아들이었기에 세자에 대한 영조의 사랑은 각별했다. 그만큼 기대도 컸다. 세자가 세 살이 되던 해부터 영조는 서둘러 교육을 시작했다. 부왕의 기대에 걸맞게 어린 시절의 세자는 영특한 자질을 보여 영조를 기쁘게 했다.

김문식 단국대학교 인문학부 교수는 차후 왕위를 계승해야 하는 아들에 대한 영조의 기대심이 조기교육으로 표출됐다고 설명한다. "영자가 두 살 때 세자 책봉을 하고, 곧바로 세 살 때 서연교육을 했다는 건 유례가 없을 정도로 이른 편"이라는 것이다. 조선 왕조사상 유례를 찾아보기 힘들 정도로 뜨거웠던 영조의 교육열은 영조가 세자를 위해 직접 《어제자성편御製自省篇》과 《어제상훈御製常訓》 같은 책을 써서 교재로 삼게 했다는 점에서도 드러난다. 《어제자성편》은 옛 경전(經傳) 중에서 도움이 될 만한 대목을 추려 엮은 책으로 내편은 경전에 수록된 성

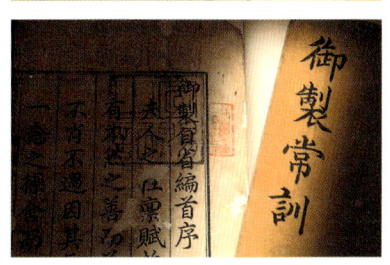

《어제자성편御製自省篇》과 《어제상훈御製常訓》. 영조가 세자의 교육을 위해 직접 쓴 책들이다.

세자를 가르치는 춘방에 걸어둔 영조의 친필 현판.

왕(聖王)들의 정치 이념을, 외편은 역대 사기(史記) 가운데 본받을 만한 제왕(帝王)들의 선행을 간추렸다. 《어제상훈》은 영조가 세자에게 내린 훈사(訓辭)를 엮은 책이다.

세자를 가르치는 춘방에 걸어둔 영조의 친필 현판에도 춘방관들에게 태만하지 말고, 열심히 세자를 가르칠 것을 당부하고 있다. 영조는 종종 세자를 불러 공부한 내용을 직접 확인하곤 했다. 세자는 머뭇거리며 대답을 못할 때가 많았는데, 그럴 때마다 영조는 엄하게 꾸짖었다. 아버지의 꾸중이 거듭될수록 세자는 점점 위축되어갔다. 《영조실록》에는 당시 한 춘방관이 엄한 영조 때문에 위축된 동궁의 모습을 전하며, 영조에게 좀 더 자상하게 대해줄 것을 청하는 대목이 나온다.

지금 전하께서는 엄위가 너무 지나치시기 때문에 동궁이 늘 두려움과 위축된 마음을 품고 있으니 응대(應對)하는 즈음에 머뭇거림을 면치 못합니다.

사도세자 8세때 글씨.

삼가 바라건대, 지금부터는 심기(心氣)가 화평하도록 힘쓰시고 만일 지나친 잘못이 있으면 조용히 훈계하여 점점 젖어들도록 이끌어 주신다면, 하루 이틀 사이에 자연히 나아져가는 효험이 있을 것입니다.

—《영조실록》영조 33년 11월 11일

영특한 재주를 지녔음에도 아버지의 엄격한 태도 때문에 세자는 점점 자신감을 잃어갔다. 영조는 왜 이렇게 엄하게 대했을까?

그 이유는 영조 자신의 태생과 관련이 있다. 경기도 파주에는 영조의 어머니인 숙빈 최씨의 능이 있다. 숙빈 최씨는 궁에서 청소를 하던 무수리 출신이었다. 어머니가 천한 신분이라는 사실은 언제나 영조의 콤플렉스였다. 왕이 된 후 영조는 숙빈 최씨의 묘호를 높이고, 웅장한 신도비를 세우는 등 어머니의 위신을 높이기 위해 노력했다.

영조는 원래 왕위를 이을 왕세자가 아니었다. 그런 이유로 10여 년간 궁 밖에서 서민들과 더불어 생활해야 했다. 어머니의 천한 신분과 서민생활의 체험을 통해 영조는 남달리 신중하고 노력하는 자세를 몸에 익히게 되었다. 실제로 《어제자성편》을 보면 "내가 일생에 걸쳐 노력한 것은 근신(謹愼)이란 두 글자다"라는 대목이 나온다. 어려운 환경에서도 영조는 강한 의지로 일관한 인물이었다. 항상 열심히 노력했고, 노력한 만큼의 결과를 냈다.

능력 있는 아버지의 기대는 세자에게 부담으로 작용했다. 성장하면서 세자는 점차 학문보다는 무예에 더 관심을 갖게 되었다. 정조 때 편찬된 종합 무예교본서 《무예도보통지武藝圖譜桶志》는 사도세자가 지은 《무기신식武藝新譜》이란 책을 바탕으로 만들어진 것이다.

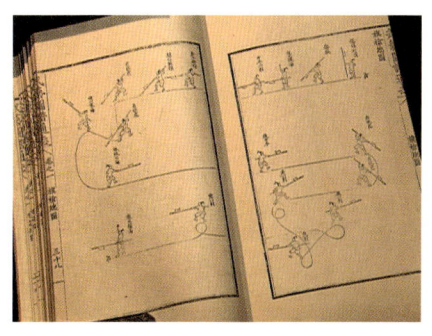

정조 때 편찬된 종합 무예교본서 《무예도보통지武藝圖譜桶志》. 사도세자가 지은 《무기신식武藝新譜》이란 책을 바탕으로 만들어졌다.

학문을 연마해 성인군주가 되기를 원했던 영조의 바람. 그러나 세자는 아버지의 기대와는 다른 모습으로 성장해갔다. 김영진 박사는 사도세자에게는 "아버지 영조가 슈퍼맨과 같이 도저히 넘어설 수 없는 벽이나 산 같은 이미지였을 것"이라고 추측한다. 그래서 늘 아버지보다 부족한 자신의 모습에 위축되고, 그것이 자신에 대한 평가절하와 자기경멸로 이어졌고, 그렇게 두 사람의 관계는 악화일로를 걸었으리라는 것이다.

아버지에 대한 부담감으로 생긴 마음의 병. 결코 표현할 수도, 풀 수도 없었던 억눌린 감정은 자신도 모르게 공격적인 모습으로 표출되기도 했다.

너무도 아들을 사랑했던 아버지 영조. 그러나 기대가 지나쳤던 탓에 아들은 오히려 마음의 상처만 입었다. 영조와 사도세자는 요즘에도 흔히 볼 수 있는 부자간의 모습이다. 대개 어렵게 성공한 아버지일수록 아들에게 거는 기대와 요구가 크다고 한다. 자신이 노력했던 것만큼 아들도 그 정도는 감당할 수 있을 거라고 생각하기 때문이다. 그런 암묵적 기대가 아들에게는 엄청난 압박과 부담으로 작용하게 되고, 그로 인해 정신질환으로 이어지는 경우가 많다는 것이 전문가들의 견해다.

영조 영정.

사도세자의 죽음을 둘러싼 의혹들

사도세자는 정신질환을 가지고 있었지만, 결코 사리를 분간할 수 없을 정도는 아니었다.

이번에 발견된 사도세자의 편지에서 세자의 내면을 엿볼 수 있다. 아이를 출산한 부인 혜경궁 홍씨의 몸조리를 걱정하고, 장인(처남)의 생일까지 직접 챙기는 등 세자의 자상한 모습이 곳곳에서 발견된다.

또 사도세자는 자신의 병세를 걱정하면서도, 한편으로는 〈남한형지南漢形地〉(한강 이남의 지도), 《양향군무도서糧餉軍務圖書》(군량과 말먹이 등에 관한 병서)와 같은 자료를 구해달라고 부탁하고 있다. 이를 통해 사도세자가 아픈 와중에도 군주의 자질을 갖추기 위해 준비하고 있었다는 사실을 알 수 있다.

그렇다면 영조에게 문제가 있었던 것일까? 영조는 부지런하고 명석했으며, 학문에 정진하는 군주였다. 이를 바탕으로 그는 백성들을 위해 많은 치적을 펼쳤다. 신문고를 부활시켜 백성들의 소리에 귀 기울였고, 균역법을 실시해 세금 부담을 줄여주기도 했다. 영조는 52년간 왕위에 있으면서 누구보다 많은 업적을 남겼고, 그래서 중흥의 군주라고도 불린다. 그렇다면 사도세자의 비극은 과연 무엇이 문제가 되었던 것일까?

의혹 1 | 고변자 나경언

《실록》에 의하면 나경언은 궁중별감 나상언(羅尙彦)의 형이었다. 궁중별감이라고 하면 왕이나 왕실 사람들이 행차할 때 호위를 담당하던 하위직으로 주로 중인들이 그 직책을 맡았다. 어떻게 이런 미천한 신분을 가진 나경언이 일국의 세자를 직접 고발할 수 있었을까?

나경언의 고변 소식을 들은 영조는 곧바로 중죄인을 심문하기 위한 임시 관아인 국청(鞠廳)을 설치했다. 이때 나경언은 옷 소매에 감춰뒀던 고변서를 꺼내 직접 영조에게 바친다. 그런데 이렇게 현장에서 고변서가 전달되는 일은 흔치 않았다.

김성윤 경북대학교 사학과 교수에 따르면 "일반적으로 죄수가 잡혀오면 소매를 풀고 버선을 벗기는 등 몸수색을 엄격하게 하고, 그런 다음에 고변 내용을 검토해서 정해진 절차에 따라 보고가 이뤄진다"고 한다. 그렇다면 나경언의 경우는 절차상으로 무척 비상식적이다.

일국의 세자를 고발한 사건에 대해 기본적인 조사 절차조차 생략했다는 점은 이해할 수 없는 부분이다. 규장각 서고에 보관돼 있는 《대천록待闡錄》은 조선시대 당쟁의 전개 과정을 기록한 것이다. 이 책에서 나경언의 의혹에 관한 단서를 찾을 수 있다. 바로 나경언의 신분에 관한 새로운 사실이다.

景彦本尹汲傔從   나경언은 윤급의 옛 청지기

윤급(尹汲·1697~1770)은 당시 노론의 주요 인물이다. 나경언의 배후에 노론 세력이 연루되어 있었음을 의심케 하는 대목이다. 또 다른 단서가 있다.

나경언이란 자는 액정 별감(掖庭別監) 나상언(羅尚彦)의 형이니, 사람됨이 불량하고 남을 잘 꾀어냈다. 가산(家産)이 탕패되어 자립(自立)하지 못하게 되자 이에 춘궁(春宮)을 제거할 계책을 내어 형조에 글을 올려, 환시(宦侍)가 장차 불궤(不軌)한 모의를 한다고 고하였다.

─《영조실록》영조 38년 (11762) 5월 22일

이 내용을 통해 경제적으로 어려움에 처해 있던 나경언이 대가를 약속받고 고변서를 전달하는 역할을 수행했고, 그를 사주한 배후세력은 노론계 인물이었음을 짐작해볼 수 있다.

의혹 2 | 사도세자의 대응

세자의 대응 자세 또한 의문이다.

나경언의 고변 직후부터 세자는 죄수복을 입고 대죄를 시작했다. 죄의 여부를 떠나 일국의 세자로서 고변을 당했다는 사실 자체만으로도 자신의 부덕을 자책해야 했던 것이다. 그러나 대죄를 시작한 지 일주일이 넘도록 신하들 중 누구도 그런 사실을 왕에게 알리지 않았다. 세자가 조정의 신하들로부터 철저히 고립돼 있었음을 알 수 있는 대목이다.

마침내 세자는 도움을 요청한다. "속히 조재호를 불러오너라."

조재호(趙載浩 · 1702~1762)는 소론 세력의 중심인물로 당시 춘천에서 은둔생활을 하고 있었다. 그러나 조재호는 세자의 도움을 요청받았다는 이유로 곧바로 사약을 받게 된다. 세자와 소론 세력의 제거가 동시에 이루어진 것이다.

의혹 3 | 영조의 처분

나경언은 이내 고변 내용이 거짓이었음을 실토했다.

일국의 세자를 모함한 엄청난 죄. 그렇다면 대대적인 배후조사를 하는 게 상식이다. 그런데 여기서 영조는 이해할 수 없는 태도를 보인다. 나경언이 죄를 자백했는데도 영조는 처벌을 미루려고 했다. 오히려 나경언의 배후세력을 조사하라고 청하는 신하들을 꾸짖고, 역정을 내기까지 했다.

> 영조: 나경언이 어찌 역적이 된단 말이오. 오늘날에 그대들이 당파 싸움으로 인하여 부당, 자당이 되었으니 조정의 대신들은 모두가 다 역적들이오. 역적들이오, 역적!

부당(父黨), 자당(子黨). 아버지와 아들이 속한 당파가 달랐다는 뜻이다. 나경언의 고변서에 당파싸움과 관련된 정치적인 내용이 들어 있었음을 짐작할 수 있다. 결국 사도세자의 죽음에는 정신병 그 이상의 문제, 바로 정치적인 갈등이 숨어 있었던 것이다.

사실 영조가 집권 내내 가장 신경을 썼던 것이 바로 당쟁의 종식이었다. 임금이 된 지 13년, 영조는 신하들을 불러 모은 자리에서 앞으로는 당쟁을 하지 말고 서로 협력하라는 유시를 내렸다. 앞으로는 과거와 전혀 다른 새로운 시대, 즉 개벽의 시대를 열겠다는 것을 선포한 것이다. 영조는 신하들에게 직접 술까지 내리며 간곡히 당부하기도 했다.

뿌리 깊은 당쟁의 씨앗

영조는 당쟁에 왜 이렇게 민감했을까? 그것은 영조의 정치적 콤플렉스 때문이었다. 영조의 콤플렉스의 뿌리를 찾자면 왕족을 둘러싼 당파 싸움의 피비린내가 그치지 않았던 아버지 숙종 대부터 살펴야 할 것이다.

경종(20대 임금)과 영조(21대 임금)는 숙종(19대 임금)의 아들들이다. 희빈 장씨가 낳은 아들이 훗날의 경종, 숙빈 최씨가 낳은 아들이 훗날의 영조다.

숙종 때 서인과 남인 간에 권력 다툼이 치열한 상태에서 인현왕후와 희빈 장씨는 각각 서인(노론)과 남인의 지지를 받았다. 그런데 인현왕후가 7년간이나 아이를 낳지 못하는 사이에 희빈 장씨가 차기 권력을 물려받을 왕자를 낳자, 희빈 장씨를 지지하던 남인이 주도권을 쥐게 된다.

남인이 강성해지자 숙종은 그 세력을 견제하기 위해 갑술환국을 일으켜 남인을 몰아내고 서인들을 중용했다. 그 과정에서 사가로 보냈던 인현왕후를 복위시키고, 6년 동안 왕비의 자리에 있었던 경종의 어머니 희빈 장씨를 다시 후궁으로 내렸다.

희빈 장씨의 몰락으로 다시 정권을 잡은 서인은 숙종이 죽은 이후를 대비한다. 숙종이 죽고 나면 그들과 적대관계인 희빈 장씨의 남인 세력이 부활하는 것은 자명한 일이었기 때문이다. 서인들은 전략적으로 숙종의 또 다른 후궁인 숙빈 최씨와 그의 아들 연잉군(훗날 영조)을 지지했다.

그러다 서인은 내부분열로 노론과 소론으로 쪼개졌고, 그 과정에서 노론은 연잉군을, 소론은 경종을 지지하게 된다. 얼마 후 인현왕후가 젊은 나이에 병으로 죽고, 왕비 자리가 비게 됐다. 당연히 당시 왕세자였던 경종의 어머니인 희빈 장씨가 다시 왕비의 자리에 올라야 했지만, 위기감을 느낀 노론은 빗발치게 상소를 올려 희빈 장씨가 인현왕후를 저주해서 죽였다고 몰아갔다. 결국 희빈 장씨는 사약을 받았다.

세월이 흘러 경종이 왕위에 오르자 노론은 잠시 잠수를 탔다. 자신들과 적대관계였던 희빈의 아들이 왕위에 올랐으니 몸을 사려야 했을 것이다. 그러나 불행히도 경종은 병약했고, 자식이 없었다. 노론 측은 경종이 후사가 없으므로 동생인 연잉군을 왕세제(王世弟)로 책봉하여 다음 보위를 물려받게 해야 한다고 주장했고, 경종은 어쩔 수 없이 이를 받아들였다.

아들이 왕위를 계승하는 조선 왕조에서 동생이 왕위를 잇는 것은 매우 이례적인 일이었다. 경종은 재위 4년 만에 승하하는데, 소론과 남인측은 경종이 병약하긴 했으나 갑자기 승하할 만큼 병환이 깊지 않았다는 이유로 노론과 영조가 손을 쓴 게 아닌가 끊임없이 의심했다. 영조의 재위 초기에는 경종의 독살설을 주장하는 이들이 전국 각지에서 내란이 일으켜 골치를 썩기도 했다.

이처럼 영조는 양 당파 간의 격심한 정치적 소용돌이 속에서 형을 독살했다는 의혹을 짊어진 채 등극했고, 이는 치명적인 도덕적 결함으로 작용한다. 그런 도덕적 결함과 어머니인 숙빈 최씨의 출신이 미천하다는 두 가지 콤플렉스가 평생 그를 따라 다녔던 것이다.

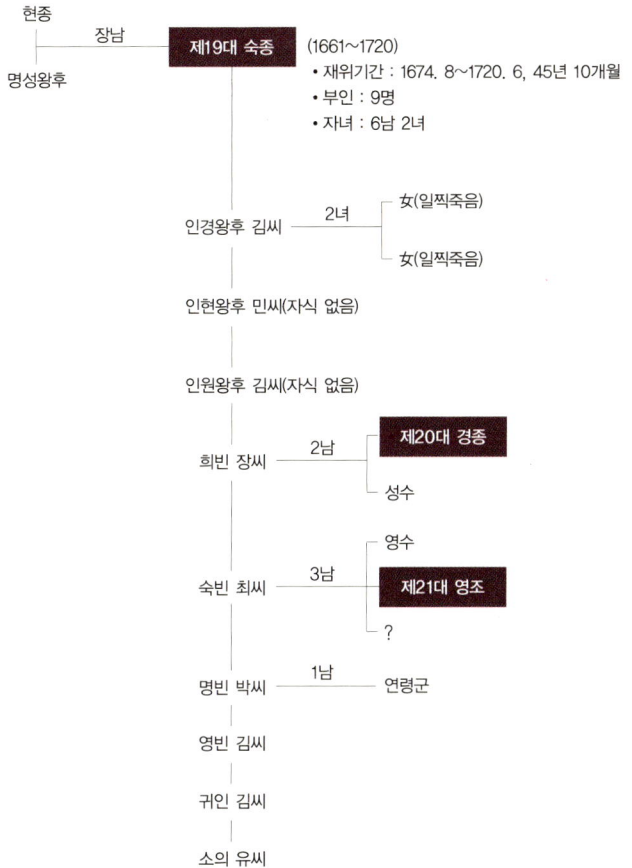

돌이킬 수 없는 부자의 갈등

성균관대학교 교정에 있는 탕평비는 1742년에 당시 여덟 살이었던 사도세자의 성균관 입학을 기념해 세운 것이다. 영조는 세자에게 친히

1742년 당시 여덟 살이었던 사도세자의 성균관 입학을 기념해 세운 탕평비.

비문을 내려 당파에 물들지 않고 공정한 마음을 가지라고 가르쳤다.

원만하여 편벽되지 않음은 곧 군자의 공정한 마음이요,
편벽되고 원만하지 않음은 바로 소인의 사사로운 마음이다.

탕평(蕩平)이란 당파에 치우치지 않고 인재를 고루 등용하는 대화합의 정치이념이다.

궁중음식에서도 탕평을 이루려는 영조의 노력을 찾아볼 수 있다. 탕평책을 논하는 자리에 처음 등장했다는 데서 유래한 탕평채는 청포에 여러 가지 야채를 섞어서 무쳐내는 요리다. 가르거나 구별하지 않고, 고루 잘 섞어 조화를 이루는 것, 이것이 바로 탕평의 정신이다.

탕평책을 논하는 자리에 처음 등장했다는 데서 유래한 탕평채.

창경궁은 사도세자가 태어나던 때부터 뒤주에 갇혀 죽는 마지막 순간까지의 모든 자취를 간직하고 있다. 사도세자가 열다섯 살 되던 해인 영조 25년 1월 27일에 영조는 세자에게 대리청정을 명령했다. 이는 세자가 왕을 대신해서 업무를 보게 된 것을 뜻한다. 영조는 군사권과 인사권 등의 민감한 사안을 제외한 대부분의 국사를 세자에게 맡겼다. 이때부터 사도세자는 본격적으로 정치일선에 나서게 되었다.

김문식 단국대학교 인문학부 교수는 대리청정이 세자에겐 기회이자 위기였다고 지적한다. 어떤 권력이든 분화가 일어날 때는 미묘한 입장 차이가 생기게 마련이다. 영조와 세자를 둘러싸고 있는 세력이 서로 대립하는 상황에서 여러 가지 충돌을 정책적으로 잘 조정하는 게 세자로서의 임무였다. 그럴 때 국왕에게 자신이 어떤 생각을 가지고 있는지 밝히고, 또 국왕의 의사가 무엇인지 정확하게 파악하고 조정해나갔다면 별 문제가 없었을 것이다. 그런데 대리청정기의 사도세자의 업무 태도에선 그런 조정 능력이 잘 드러나지 않는다는 것이다.

세자의 대리청정 기간 동안 무슨 일이 있었던 것일까? 조선시대 왕의 일거수일투족을 자세히 기록해놓은 《승정원일기》의 사도세자와 관련된 부분에서 지워진 흔적들이 발견된다.

그 자리에는 "왕의 명령에 의해 세초했다(因傳敎洗草)"고 적혀 있다. 왕의 명령에 따라 지웠다는 것이다.

삭제된 기록의 배경은 사도세자가 죽기 8년 전인 을해년으로 거슬러 올라간다. 영조 31년(1755)인 을해년 2월. 정국을 소용돌이치게 한 역모사건이 발생한다. 나주괘서사건, 즉 을해옥사(乙亥獄事)다. 나주 객

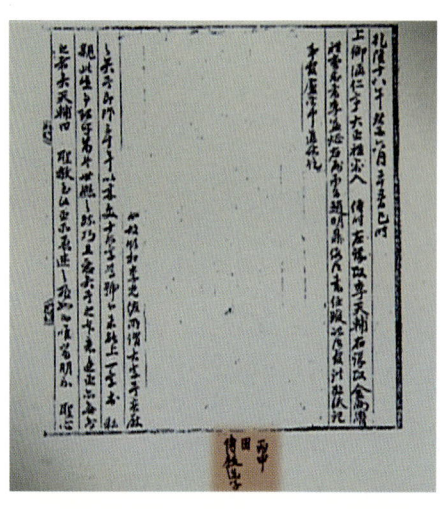

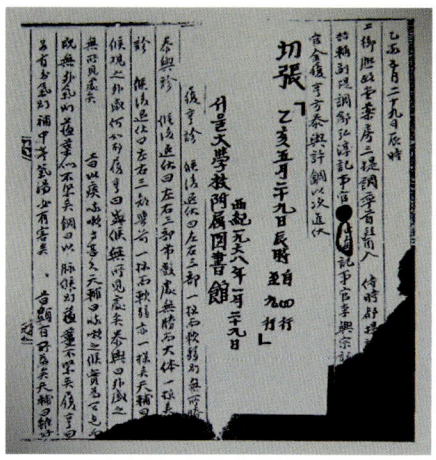

《승정원일기》 가운데 영조의 명에 의해 지워진 사도세자에 관한 부분들.

사에 걸린 한 장의 괘서에 영조와 노론세력을 비방하는 내용이 적혀 있었다. 이는 정국을 송두리째 뒤흔들 수 있는 중대한 사안이었다. 곧 대대적인 수사가 이루어졌고, 관련자들이 속속 체포되었다.

심문 결과 범인들은 나주에 유배되어 있던 윤지(尹志·1688~1755)를 비롯한 소론계 강경파 인물들로 노론세력에 불만을 품고 반란을 시도했던 것으로 밝혀졌다.

이 사실은 영조에게 엄청난 충격을 안겼다. 그동안의 탕평 노력에도 불구하고, 소론은 여전히 영조를 왕으로 인정하고 있지 않았던 것이다. 정치적 반대파까지 끌어안으면서 탕평을 유지하려 한 영조의 노력이 배반당하는 순간이었다.

《실록》에는 2월 20일부터 5월 말까지 석 달여 동안 거의 매일같이 국왕이 직접 범죄 혐의자를 심문하는 친국(親鞫)이 벌어졌다고 기록돼 있다. 을해옥사라 불리는 이 사건으로 수백 명의 소론인사들이 죽음을 당했다. 이로써 세자의 보호 세력이었던 소론은 제거되고, 정국은 노론 중심으로 재편되었다. 탕평의 원칙이 무너진 것이다.

정국의 변화는 대리청정을 하고 있던 세자에게도 큰 영향을 미쳤다. 노론은 이 기회에 소론세력을 완전히 제거할 것을 세자에게 집요하게 요청했다. 계속되는 상소에도 불구하고 세자의 대답은 한결같았다.

따르지 않겠노라(不從).

이런 세자의 태도 때문에 노론은 세자의 정치적 입장을 의심하게 되고, 그때부터 노론은 세자를 겨냥해 본격적인 공세를 펼치기 시작한다. 이들이 내세운 것은 번안국시(翻案國是). 영조가 정한 국시를 세자가 뒤집으려 한다는 것이다.

김성윤 교수는 "세자는 정치적으로 부왕인 영조의 뜻을 따르려고 했지만 정치적 공방 과정에서 '번안국시'와 같은 노론 세력의 모함

《사백록俟百錄》 권 9 영조조.

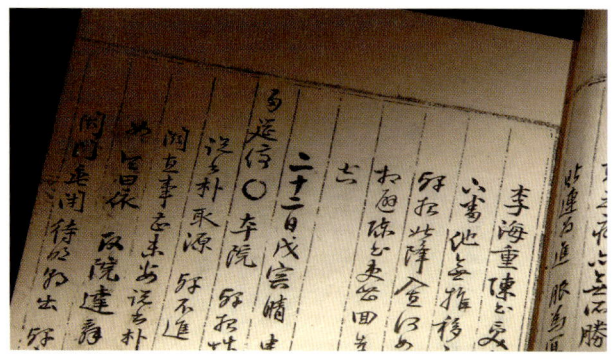

사도세자의 업무내용을 기록한 《동궁일기》. '양연정(兩筵停)', 즉 경연(經筵)과 서연(書筵)이 모두 정지되었다는 내용이 나온다.

과 공세가 계속 이어졌고, 그 과정에서 영조와 세자의 관계가 더욱 악화해가는 형태로 점철됐다"고 설명했다.

계속되는 노론의 정치적 공세는 영조에게도 부담이 되었다. 여기에 세자에 대한 모함이 더해지면서 영조는 점점 아들에 대해 의심을 품게 되었다. 사도세자의 업무내용을 기록한《동궁일기》에는 '양연정(兩筵停)', 즉 경연(經筵)과 서연(書筵)이 모두 정지되었다는 내용이 나온다. 이는 당시 세자의 업무가 실질적으로 마비되어 있었다는 것을 보여준다.

정치적 비호세력을 잃고 부왕과도 멀어지게 된 사도세자는 철저히 고립되었다.

사도세자가 죽기 2년 전, 영조는 세자가 머물던 창경궁에서 멀리 떨어진 경희궁으로 처소를 옮긴다. 이미 정치적으로 멀어진 부자 사이에 직접 만나는 기회마저 줄어들게 된 것이다. 이 무렵부터 부자가 몇 달간 얼굴을 마주하지 않는 상황이 계속됐다. 세자는 병을 핑계 삼아 부왕의 문안을 미루는 일이 잦았고, 영조 역시 세자를 만나는 것을 달가워하지 않았다.

절대 권력자인 왕과 왕세자의 사이가 멀어지면, 그 틈을 비집고 들어오는 세력이 등장하게 마련이다. 그 기회를 이용하여 세자를 노리고 있던 반대 세력들은 각종 모함을 통해 부자 사이를 더욱더 멀어지게 만들었다. 부자간의 대화의 단절은 점차 비극을 향해 치닫고 있었다.

뒤주에 갇힌 세자의 마지막

나경언의 고변이 있은 지 20여 일 후인 영조 38년 윤5월 13일, 영조는 마침내 창덕궁 휘녕전으로 세자를 불러 들였다. 그 자리에서 영조는 신하들에게 모두 칼을 빼들라고 큰소리로 호통 치며 비상시에 준하는 군사적인 조치를 취했다. 궁궐 문을 걸어 잠그고, 모든 신하들의 출입을 봉쇄했다. 그리고 매섭게 세자를 추궁하기 시작했다.

"모두들 들었느냐?
정성왕후가 내게 이르기를 변란이 호흡 사이에 달려 있다고 하였다."

―《영조실록》영조 38년 윤5월 13일

"변란이 호흡 사이에 달려 있다"는 말은 가까운 시일에 변란이 일어날 것이라는 뜻이다. 영조가 세자에게 내건 혐의는 세자가 변란을 도모했다는 것이다. 영조는 세자에게 "내가 죽으면 300년 종사는 망

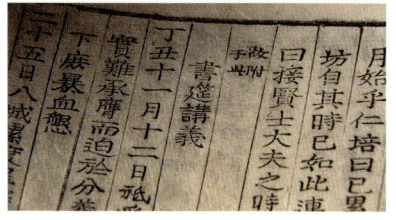

평암 권정침의 《평암집》. 이 책에 수록된 〈서연강의書筵講義〉에는 사도세자가 죽기 직전까지 서연관들과 공부하고 문답했던 내용이 자세히 기록돼 있다.

하고, 네가 죽으면 300년 종사는 보존될 것이니, 내 어찌 너 하나를 베지 않고 종사를 망하게 하겠느냐"고 하면서 그 자리에서 스스로 목숨을 끊을 것을 요구한다.

조정의 대신들조차 들어오지 못하도록 대궐 문을 걸어 잠근 채 진행된 그날의 사건. 하지만 《실록》에는 자세하게 기록되어 있지 않아서 더 이상의 구체적인 내막은 알 수 없다.

민간의 기록들을 위탁받아 보관하고 있는 경북 안동의 한국국학진흥원 서고에서 당시 상황을 좀더 잘 알 수 있는 중요한 기록이 발견됐다. 세자의 교육관이었던 평암 권정침(權正枕·1710~1767)의 문집이다. 이 책에 수록된 〈서연강의書筵講義〉에는 사도세자가 죽기 직전까지 서연관들과 공부하고 문답했던 내용이 자세히 기록돼 있다. 1762년 4월 21일자 문답내용을 살펴보자.

> '부소가 죽음을 받아들인 것이 과연 효(孝)인가 아닌가'라고 하는 것은 천고(千古)의 중요한 부분이다. 바라건대 의견을 들려달라.
>
> —〈서연강의〉 1762년 4월 21일

부소(扶蘇)는 진시황의 장남으로 어려서부터 총명하고 기지가 있어서 진시황의 사랑을 한 몸에 받았다. 그러나 자라서는 정치적 견해 차이로 아버지와 자주 부딪혔고, 진시황이 죽은 뒤에는 조칙을 위조한 조고에 의해 자살을 선택하게 되는 인물이다. 김병수 한국국학진흥원 자료부 박사는 〈서연강의〉의 내용이 "사도세자가 부소 사건과 비교해 자신의 위치와 입장을 짚어보는 것"이라고 설명했다. 이것이 바로 사도세자가 죽기 두 달 전의 일이다. 중국고사의 폐세자 사건에 빗대어 자신이 어떻게 처신해야 하는지 물었다는 것은 세자가 이미 자신에게 다가오던 정치적인 운명을 예감하고 있었다는 뜻일 것이다.

> 영조: 너는 죽을 죄가 있다.
> 세자: 신은 죄가 많지만 죽을 죄는 알지 못하겠습니다.
> 영조: 네가 어찌 모르느냐? 네가 세자궁 후원에 굴을 파고, 상복과 지팡이를 갖다둔 이유는 무엇이냐?

― 〈대천록〉 중 권정침의 기록

영조는 세자가 상복을 입고 자신을 저주했다고 의심했다. 사도세자는 상복과 지팡이는 정성왕후가 죽었을 때 사용했던 것이라고 해명했고, 확인 결과 사실로 밝혀졌다. 그러나 영조는 오해를 풀지 않았다.

영조는 그동안 많은 참소를 받으면서 세자에 대한 인식이 돌이킬 수 없을 정도로 부정적으로 흘러 있었다. 김성윤 경북대학교 사학과 교수는 참소의 내용 중에는 "세자가 저질러서는 안 되는 일반적인 비행에 관한 것도 있었지만, 특히 세자가 직접 거병해서 영조에게 무력

사도세자가 뒤주에 갇혀 죽은 창경궁의 휘녕전.

대항할지도 모른다거나, 온갖 저주를 내려서 영조를 살해하려고 한다는 등 영조가 묵과하기 힘든 내용도 많았을 것"이라고 지적했다.

을해옥사 이후 세자에게는 어떠한 보호세력도 없었다. 그 빈틈을 이용해 참소는 더욱 거세졌고, 그것이 부자관계를 악화시켰다.

세자의 무인적인 기질 또한 모함의 소재로 활용되었다. 심지어 세자가 성 밖에 나가 군사를 모집하고 변란을 계획한다는 모함까지 있었다. 김성윤 교수의 설명에 따르면 세자에 대한 정치적 모함과 제거시도는 크게 "노론과 소론 간의 정치적 알력"에서 나왔지만, 구체적으로 세자를 모함하는 데 가담했던 무리는 "정처나 문녀와 같은 궁중세력이나 김상로(金尙魯), 홍계희(洪啓禧) 같은 관료 세력이었을 수도 있다"고 한다. 그리고 그 모든 모함의 동기와 진행과정을 면밀히 살펴보면 대개는 "김상로나 홍계희 등 노론 강경세력이 주도하고, 궁중세력이 실행하는 형태로 이루어졌다"고 덧붙였다.

그날 밤 영조는 세자를 폐하여 서인으로 삼고, 뒤주에 들어가라고 명령한다. 아버지가 아들을 죽이고, 아버지가 아들 앞에서 죽어가는 비극의 현장. 영조는 자신의 손으로 자물쇠를 채우고, 직접 뒤주에 대못을 박았다. 움직일 수조차 없는 좁은 뒤주에 갇혀 사도세자는 죽어갔다.

사도세자의 뒤주 사건을 바라보는 오늘날 전문가들의 시각은 어떨까? 먼저 김문식 교수는 영조가 요즘으로 치면 "자식을 사랑하면서도 사랑하는 방법을 잘 몰랐다고 할까, 대리청정 이후로 부자간의 소통이 잘 되지 않았다는 생각이 많이 든다"고 말했다. 김성윤 교수는 "비극으로 귀결될 수밖에 없었던 데는 상호간의 대화의 단절이 큰 작용을 했는데, 그런 대화의 단절을 만들었던 것이 바로 참소"라고 보았다.

마지막으로 이덕일 박사는 "사도세자가 갇힌 뒤주에 못질을 할 사람은 영조 자신밖에 없었다"는 말로써 부자의 숙명적인 비극을 설명했다. "다른 누가 못질을 했을 경우 후에 사도세자가 죽고 그 배후세력이 다 제거된다면 모를까, 만에 하나 사도세자가 살아나거나 사도세자의 아들이 즉위할 때는 삼족이 멸함을 당할 수 있는 사건이므로 결국 영조 자신이 할 수밖에 없었다"는 것이다.

8일 밤낮을 뒤주에 갇힌 채 물 한 모금 마시지 못하고 사도세자는 죽어갔다. 세자가 죽어가던 그 시간에 노론 대신들은 한강에서 뱃놀이를 즐기고 있었다.

사도세자릉.

'사랑하는 방법'을 몰랐던 아버지의 회한

세자가 죽은 뒤 영조는 세자의 호를 회복시키고 장례를 치러준다. 영조가 친히 쓴 사도세자의 묘지명에는 "내가 13일의 일을 어찌 좋아서 하였으랴? 너는 무슨 마음으로 칠십의 아비로 하여금 이런 일을 당하게 하는고?"라는 내용이 들어 있다. 아들을 죽인 이유와 함께 아버지로서의 안타까운 마음을 엿볼 수 있는 대목이다.

종사를 보존하기 위해 아들을 죽였다는 영조의 행동을 과연 역사는 어떻게 평가하고 있을까? 검소하고 성실했으며, 부단히 학문에 정진했던 임금. 백성들의 고통을 가장 먼저 생각했던 애민군주 영조.

그러나 아버지로서의 영조는 어땠을까? 영조에게 사도세자는 누구보다 기대가 컸던 사랑하는 아들이었다. 하지만 영조는 아들을 사랑했지만, 사랑하는 방법을 모르는 아버지였다. 훗날 영조는 사도세자에게 내린 처분을 후회하며 이렇게 괴로워했다고 한다.

내가 스스로 이런 일을 당할 줄 어떻게 생각이나 했겠는가. 오늘처럼 마음이 괴롭기란 진실로 태어난 이후 처음 있는 일이다.

영조가 만약 조금만 더 너그러웠다면, 아들에 대한 믿음을 조금만 더 가졌다면 과연 결과는 어떻게 바뀌었을까? 아니 차라리 세자에게 정치를 시키지 않았다면 어땠을까? 영조가 지금 그때의 처분을 돌이켜본다면 어떤 생각이 들까?

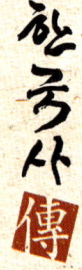

조선의 명재상 채제공의 책《번암집》에는
자신의 삶을 개척했던 한 여성의 이야기가 실려 있다.
정조 20년(1796) 가을, 제주 출신의 한 여인이 궁에 들어섰다..
평민 신분의 여성이 임금을 알현한 것은 조선 역사상 유래가 없는 일이었다.
김만덕.
그녀는 열녀도 효부도 아니었다.
빈 손으로 시작해 일약 제주 최고 부자에 오른 상인이었다.
최악의 흉년에 시달리던 200년 전 제주, 만덕은 자신의 재산을 풀어 수천 명의
제주도민을 살려냈다. 상업을 천하게 여기던 조선 사회,
그녀는 시대보다 앞서 돈의 가치에 주목했다.

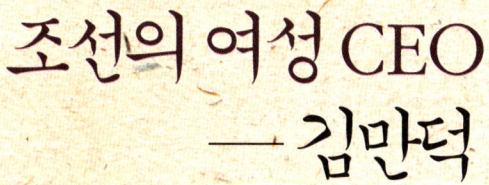

조선의 여성 CEO
— 김만덕

제주 여성으로는 처음으로, 아니 조선 최초로 임금을 알현한 평민 여성 김만덕(1739~1812). 그녀에 관한 최초의 기록은 정조 20년, 《조선왕조실록》에서 찾아볼 수 있다.

> 제주 기생 만덕이 재물을 풀어서 굶주리는 백성들의 목숨들을 구하였다.
> —《정조실록》 1796년 11월 25일

'제주'라는 조선 최변방에서 '기생'의 신분으로 "재물을 풀어서 굶주리는 백성들의 목숨을 구한" 여성 만덕. 짧은 문장 속에 그녀의 파란만장한 일대기가 함축되어 있다.

《조선왕조실록》,《승정원일기》,《일성록》, 정약용의 《다산시문집》, 박제가의 《초정전서》, 조수삼(趙秀三 · 1762~1849)의 《추재기이秋齋紀異》까지 이 책들에 모두 만덕의 이야기가 실려 있다. 조선시대 평민, 그것도 여성에 관한 기록을 찾아내기란 불가능에 가깝다. 하지만 만덕은 《정조실록》이나 《승정원일기》와 같은 정사뿐 아니라 정약용, 박제가 등 당대의 실학자들에 의해 시와 문장으로 남겨졌고 그녀의 일대기를 기록한 〈만덕전〉만 해도 다섯 편에 이른다.

당시 만덕의 기부가 사회에 어떤 반향을 일으켰는지 짐작할 수 있는 대목이다. 덕분에 수없이 많은 조선 여인들이 이름 없이 사라졌던 것과 달리 만덕은 자신의 삶을 당당하게 역사의 한 페이지로 남길 수 있었다. 그 첫 페이지는 최악의 흉년을 맞은 200년 전 제주에서 시작된다.

제주를 수렁에서 구한 여인

정조 19년(1795) 윤2월, 제주 목사 이우현은 벌써 며칠째 영암에서 출발한 배를 기다리고 있었다. 배에는 조정에서 마련한 구휼미가 실려 있었다. 제주 최악의 흉년으로 기록되는 갑인년 흉년, 제주 목사가 조정에 구휼미 2만 섬을 요청한 것이다.

> 동풍이 강하게 불어서 곡식이 짓밟히고 피해를 입었습니다. 만약 쌀 2만여 섬을 배로 실어 보내지 않는다면 백성들은 장차 다 죽을 것입니다.
>
> ─심낙수 장계, 정조 18년(1794) 9월 17일

정조 16년(1792)부터 4년간 최악의 흉년이 제주를 휩쓸고 있었다. 매해 수천 명의 사람이 굶주림으로 죽어갔다. 살아남은 사람들의 모습도 참혹했다. 법으로 금지되어 있던 말과 소를 훔쳐 잡아먹거나, 차마 입에 담지 못할 참상도 곳곳에서 벌어졌다.

정형지 오산대학교 교수는 당시와 같은 상황에서 벌어질 수 있는

서귀포시 안덕면 사계리. 만덕이 살던 당시 이곳은 쓰나미, 즉 해일 피해가 주기적으로 발생했다.

일반적인 참상이 제주에서도 나타났으리라고 본다. 구체적으로 "자식을 내다 버리고, 사람이 사람을 잡아먹고, 심지어 시체를 파먹는 일" 등이다. 더욱이 탈출구를 찾아서 밖으로 나갈 수 없는 사람들에게는 훨씬 심각하게 나타날 수밖에 없는 요소들이라고 한다.

화산암이 만들어낸 천혜의 관광지 제주. 하지만 조선시대까지 제주는 사람이 살기 힘든 유배의 땅이었다. 돌 많고 바람 많고, 그리고 무엇보다 자연재해가 끊이지 않았다. 서귀포시 안덕면 사계리에선 쓰나미, 즉 해일 피해가 주기적으로 발생했다. 해일은 하루아침에 마을 하나를 삼켜버릴 정도로 그 위력이 대단했다. 고광민 제주대학교 박물관 학예연구사는 당시 기록에 "해일이 일어났는데 기왓장이 날아가고 하룻밤 사이에 모래가 사계리 마을을 덮쳤다"는 내용이 등장한다고 확인해준다.

또한 한반도의 방파제라 부를 만큼 많은 태풍들이 보리 수확 철부터 가을까지 제주를 괴롭혔다. 태풍이 일찍 찾아오는 제주도는 음력 5월의 보리를 수확하는 철이 되면 큰 곤란을 겪었다. 무거워진 보리는 조금만 바람이 불어도 전부 누워버렸다.

척박한 자연환경에 잦은 흉년까지, 견디다 못한 사람들이 하나둘 육지로 떠나기 시작했다. 16세기에 이르면 제주를 떠나 남해 연안에 정착한 제주인이 1만여 명에 이를 정도로 인구 유출이 심각해진다. 인구가 줄어들자 제주 해안의 방어가 취약해졌다. 이에 조정은 제주도민의 육지 출입을 금지하는 출륙금지령까지 내렸다. 제주도민들이 뭍으로 나갈 수 있는 유일한 방법인 뱃길을 막아버린 것이다.

> 제주의 백성들이 육지로 떠나갔다. 비변사가 제주도민의 육지 출입을 엄금할 것을 청하니 임금이 따랐다. —출륙금지령, 《인조실록》 인조 7년(1629) 8월 13일

뭍으로 나가는 배들은 모두 출륙허가서인 출선기를 발급받아야 했다. 관의 허락 없이는 단 한 발자국도 제주 밖으로 나갈 수 없었다. 발이 묶인 제주민들은 흉년이 들어도 육지처럼 형편이 조금 더 나은 지역을 찾아 옮겨 다닐 수조차 없었다. 제주도 전체가 거대한 감옥과 같았다.

한편 구휼미 2만 섬을 보내달라는 제주 목사의 장계가 도착한 조정에서는 정조와 신하들의 논의가 한창이었다. 정조는 구휼미를 보내야

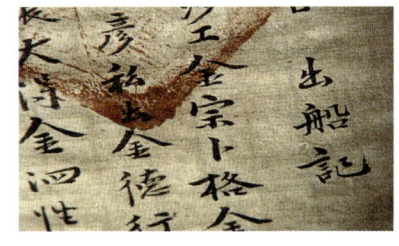

출선기. 제주에서 뭍으로 나가는 배들은 모두 출륙허가서인 출선기를 발급받아야 했다.

한다는 입장이었지만, 신하들은 반대했다. 호남 연안의 고을들도 가뭄과 강풍의 피해가 극심한 마당에 제주도민만 특별히 배려할 수는 없다는 게 반대 이유였다.

그러나 신하들의 반대에도 아랑곳 않고 정조는 전라도 강진, 해남, 장흥에서 구휼미를 마련하라고 지시했다. 정조 19년 윤2월, 드디어 구휼미 1만여 섬을 실은 배 12척이 영암을 출발했다. 아직 파도가 높았지만 보릿고개 전에 쌀이 도착해야 했다.

하지만 그해 제주는 지독히도 운이 따르지 않았다. 구휼미를 실은 배 12척 중 5척이 풍랑을 만나 침몰된 것이다. 제주는 최악의 상황으로 치닫고 있었다.

> 옹기종기 떼를 지은 수십 명의 거렁뱅이
> 하나같이 옷도 못 해 입고 털 빠진 개가죽 둘러썼네
> 검게 타서 여윈 살갗 뼛골에 달라붙고
> 목소리도 배고픔에 실낱같이 가느다랗게
> "사또님, 사또님, 불쌍한 인생 살려주옵소서"
>
> —신광수, 〈탐라록〉

제주 최고의 부자였던 만덕은 연이은 흉년의 참상을 그저 두고 볼 수가 없었다. 1794년부터 1795년까지 2년에 걸쳐 제주도민 3분의 1이 흉년으로 목숨을 잃을 만큼 심각한 상황이었다.

만덕은 수십 년 동안 모은 전 재산을 내놓아 육지에서 쌀을 구해오기로 했다. 만덕은 전라, 경상 등 육지에서 쌀을 들여와 모두 관

아로 보냈다. 채제공(蔡濟恭·1720~1799)의 〈만덕전〉에 따르면 "부황난 자가 소문을 듣고 관가 뜰에 모여들기를 마치 구름과 같았고, 사람들은 '우리를 살려준 이가 만덕이로다'라며 만덕의 은혜를 칭송했다"고 한다.

김만덕 영정.

"개비년 숭년에도 살앙 남아신다"는 "갑인년 흉년에도 살아남았는데"라는 의미의 제주 속담이다. 여기서 갑인년은 바로 1794년, 정조 18년을 가리킨다. 극심한 흉년을 가리키는 고유명사가 됐을 정도로 200년 전의 흉년은 참혹했다.

만덕은 굶주린 제주도민을 위해 자신의 전 재산을 내놓았는데, 만덕이 구호곡으로 내놓은 쌀과 돈이 얼마였는지는 기록마다 조금씩 차이가 있다. 채제공의 〈만덕전〉에는 '천금'으로, 조수삼의 《추재기이》에는 '수천 석'의 쌀과 '수천 꿰미의 돈'이라고 기록되어 있는데 그 액수가 상당히 컸다는 것만 짐작해볼 수 있다. 그렇게 많은 돈을 선뜻 내놓았다니, 지금 생각해도 참 배포가 큰 여인인 것 같다.

과연 만덕은 어떤 여인이었을까?

김만덕의 묘비.

관기에서 상인으로

제주시 사라봉에 있는 만덕 기념탑 앞에서는 매년 김만덕의 덕을 기리기 위한 제사가 치러진다. 제주도민에게 만덕은 여전히 살아 있는 존재다.

만덕의 생애를 비교적 자세히 기록하고 있는 만덕의 묘비에는 그녀가 탐라의 양가집 딸로 김해 김씨의 후손이라고 적혀 있다. 또 만덕의 흔적을 더듬어 찾아간 제주 김해 김씨 종친회. 그곳에 보관되어 있는 족보의 좌정승공파 15대손에서 만덕의 이름을 확인할 수 있었다.

만덕은 아버지 응렬과 어머니 고씨 사이에서 태어났는데 열두 살 되던 해에 풍랑에 아버지를 여의고 만다. 일설에는 상인이었던 만덕

〈탐라순력도〉(일부). 귤 밭에서 제주 목사가 기녀들과 풍악을 즐기고 있다.

의 아버지가 육지에 장사를 하러 나갔다가 돌아오면서 풍랑을 만났다는 이야기도 있다.

같은 해 6월, 제주도에서만 882명의 사망자를 낸 전염병에 어머니마저 잃고 만다. 어린 나이에 천애고아가 된 남매는 의탁할 곳을 찾아 뿔뿔이 흩어지게 된다.

오빠들은 친척들이 하나씩 데려가고 여자는 데려가려는 이가 없었다. 그때 마침 자식 없이 홀로 지내는 퇴기가 만덕을 데려다 키우겠다고 나섰다. 그렇게 해서 만덕은 퇴기의 수양딸이 되었다. 비록 퇴기이긴 하지만, 관기로 여러 가지 활동을 하던 양어머니는 만덕에게도 관기 훈련을 시켰다. 보통 기녀는 자신의 딸에게 기녀직을 대물림하는 것이 일반적이었다. 수양딸인 만덕이 기예에 재능이 있는 것을 알고 퇴기는 기녀명부인 기안에 만덕의 이름을 올렸다.

관아의 교방에서 춤과 노래를 배우기 시작한 만덕은 열다섯 살 무렵부터 관기로서 본격적인 활동을 시작했다.

제주의 자연, 역사, 풍속이 생생하게 묘사된 〈탐라순력도〉에는 당시 제주 기녀들이 어떤 생활을 했는지 자세히 나타나 있다. 기녀들은 양로회 같은 연회에 참석해 춤과 노래를 담당했다. 또 기녀는 관원의 수청을 들 의무가 있었고, 그 지방 향족들의 연회에도 참석해야 했다.

만덕 역시 마찬가지였다. 춤과 노래 등 여악을 담당하는 기녀의 특성상 관기는 재색이 뛰어난 자로 삼았다. 만덕은 특히 악기 다루는 솜씨가 좋았다고 전해진다. 기예에 소질이 있고 용모 또한 빼어났던 만덕은 제주는 물론 육지까지 알려졌을 정도로 그 명성이 자자했다.

조실부모한 뒤 퇴기에 의탁해 불우한 어린 시절을 보낸 만덕. 타고난 재능 덕에 가난에서 벗어나 재물도 제법 모을 수 있었지만, 그녀에겐 한 가지 떨쳐버릴 수 없는 문제가 있었다. 기녀는 여염집 규수처럼 사는 것이 불가능했다. 그러나 본래 양가집 자손이었던 만덕은 그런 현실을 받아들이기가 쉽지 않았다.

> 만덕은 비록 머리를 숙이고 기녀 노릇을 할 망정 기녀로 자처하지는 않았다. ―채제공, 〈만덕전〉

전라감영에 소속된 노비들의 이름을 적어놓은 노비안에는 기녀도 포함되어 있다. 기녀는 신분이 노비였던 것이다. 기녀는 관의 소유물로서 엄격하게 관리를 받았으며, 50세까지 기역을 담당했다. 그 전에 빠져 나오기 위해서는 부잣집의 소실로 들어가는 것이 가장 빠른 방법이었다.

하지만 그것은 만덕이 원하는 삶이 아니었다. 만덕은 20여 세가 되었을 때 자신의 사정을 울면서 관아에 호소하게 된다.

> 소녀는 본시 양가 출생이온데 조실부모하여 부득이 관기가 된 것이옵니다. 소녀의 신분을 회복시켜주시옵소서.

전후 사정을 전해 들은 목사가 "만덕을 불쌍히 여겨 그 이름을 기안에서 삭제하고 다시 양인으로 살게 해주었다"고 〈만덕전〉은 기록하고 있다. 화려한 기생의 생활도 부잣집 소실로서의 안정된 삶도 마다한 만덕, 이제 그녀는 자신의 운명을 스스로 개척해야 했다.

제주의 기녀는 비록 천민의 신분이었으나 그 세력이 굉장했다고 한다. 제주 목사를 지냈던 이익태(李益泰 · 1633~1704)의 《지영록知瀛錄》에는 "(관리들이) 총애하는 것을 믿고 건방져서 누구도 감히 건드리지 못하며 보통 일도 기녀에게 뇌물을 주지 않으면 안 된다"고 적혀 있다.

당시 최고라던 평양 기생만큼의 호사를 누리며 비단옷을 입고 다녔다고 하니 만덕의 입장에서는 비록 신분이 천민이라고 해도 기녀를 그만두는 것이 결코 쉬운 결정은 아니었을 것이다. 스스로의 삶을 개척하기 위해 과감히 기녀 자리를 물리친 만덕. 그녀는 어떤 삶을 선택했을까?

옛 제주항의 모습.

승승장구한 김만덕의 객주

제주의 관문인 건입동 제주항. 과거에 건입포, 산지포라 불리던 이곳은 탐라국 시절부터 개화기까지 육지와 제주를 연결하는 해상 교통의 중심지였다.

관기를 그만둔 만덕은 건입포구에 객주를 차리고 장사를 시작했다. 만덕의 객주는 세월의 풍화와 함께 사라졌고 지금은 그 터만 남아 있다. 만덕의 객주는 최고의 명당자리였다. 제주목 관아에 인접한 건입포에는 장삿배에서 관선에 이르기까지 많은 배들이 드나들었다.

객주는 상인들에게 숙식을 제공하고 상품을 위탁판매하는 일종의 중개상인이었다. 시장이 점점 활성화되면서 객주는 초기의 중개업을 넘어 시장을 움직이는 큰 손으로 등장하게 된다. 객주의 상업적 이익이 커지면서 웃돈을 주고 객주 권리까지 사고팔았다. 매매가 성사되면 객주집뿐만이 아니라 거래하던 상인과 상품에 대한 권리까지 물려받았다. 객주를 한다는 것은 근처 상권을 장악한다는 것과 같은 의미였다. 객주매매문서는 다른 지역 상인이 여기 와서 물품을 판다거나 원래 이곳에서 팔아야 할 사람이

김만덕의 객주 집터.

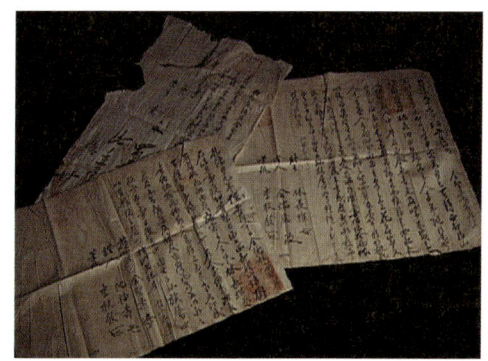

객주매매문서.

다른 곳에서 팔지 못하도록 나름의 권리를 확보하는 문서다.

관기 생활을 하며 모아둔 밑천을 가지고 객주를 시작한 만덕은 초기에 관기 시절의 인맥을 십분 활용했다. 제주 관리들은 물론 육지에서 공무로 내려온 관리들도 만덕의 객주를 드나들었고 만덕은 그들을 통해 육지와 제주의 물류 동향 정보를 얻을 수 있었다.

또 한때 일류 기생이었던 만덕을 보기 위해 제주와 육지 상인들이 모여들기도 했다.

태양열에 바닷물이 증발하면서 배추 절이기에 적당한 염도의 물이 만들어졌기 때문에 '짐치통'이라는 이름이 붙은 바위 웅덩이.

제주대학교 탐라문화연구소의 박찬식 연구교수는 만덕의 객주가 성공할 수 있었던 데는 과거 관기를 했던 것이 큰 도움이 되었다고 설명했다. 관과 깊은 연관이 있었던데다, 관기로 활동하면서 익힌 언변과 예절 등이 토착민뿐 아니라 외래 상인들까지 휘어잡는 배경이 되었을 것이라는 말이다.

쌀과 소금을 장악하다

만덕의 객주에선 어떤 물품들이 거래되었을까?

제주시 남원읍 바닷가에는 '짐치통', 즉 '김치통'이라는 바위 웅덩이가 있다. 짐치통이라는 이름이 붙은 이유는 태양열에 바닷물이 증발하면서 배추를 절이기에 적당한 염도의 물이 만들어졌기 때문이다. 고광민 교수의 설명에 따르면 제주도민들은 여름에는 짐치통의 물을 떠다가 솥에 달여서 소금을 만들었다. 또 태양열이 약해져서 염도가 높지 않은 겨울에는 배추를 절이기에 적당한 상태가 되기 때문에 마을 사람들이 너나없이 짐치통에서 배추를 절여 김치를 만들었다고 한다.

갯벌이 없는 제주는 사면이 바다인데도 소금을 만들 수가 없었다. 대신 너른 바위 위에 염전을 만들어 소금을 생산하기도 했다. 그럼에도 제주의 소금 자급률은 겨우 23퍼센트였다. 1520년 제주에 유배된 학자 김정(金淨·1486~1521)이 쓴 《제주풍토록濟州風土錄》을 보면 "육지보다 백 배의 힘을 들여도 얻는 소금은 적어 반드시 진도나 남해 등에서 구해와야 한다"는 내용이 나온다. 소금뿐만 아니라 식량도 크게 부족했다. 현무암으로 이루어진 척박한 대지에서는 논농사를 짓는 일이 거의 불가능했다.

만덕은 쌀과 소금 등 주요 생필품들을 거래하기 시작했다. 쌀과 소금은 생필품이면서도 자급자족이 불가능한 절대적인 교역 품목이었다. 장사의 기본은 싸게 사서 비싸게 파는 것이다. 만덕은 값이 헐한 가을에 쌀을 넉넉히 사들였다가 봄이 되면 파는 식으로 물량을 조절했다.

고동환 한국과학기술원 인문사회과학부 교수는 만덕이 제주의 중심 포구인 건입포의 객주였다면 "외부에서 반입되는 미곡에 대한 독점적 유통권도 확보했을 테고, 그 과정에서 엄청난 부등가 교환을 통

제주시 애월읍의 염전바위. 갯벌이 없는 제주는 너른 바위 위에 염전을 만들어 소금을 생산하기도 했다.

해 부를 축적했을 것"이라고 추정했다.

    쌀과 소금은 제주의 특산물과 거래됐다. 제주는 농업에는 부적합한 땅이었지만, 어느 지역보다 전복이나 오징어 같은 진귀한 특산물이 많이 나는 섬이었다. 특히 미역은 제주 사람들에게 일종의 화폐와도 같았다. 지금이야 미역을 양식하지만, 조선시대에는 동남해 일부와 제주도에서만 채취할 수 있었다. 정약용의 《경세유표》에서 "조선 백성 절반이 제주도 미역을 먹었다"고 했을 만큼 미역은 당시 제주 최고의 상품이었다.

    고립되어 있는 제주의 특성상, 바다를 건너면 물건 가격이 산지 가격보다 월등히 높아졌다. 만덕은 제주와 육지 사이의 시세차익을 이

객주의 모습을 담은 풍속화. 객주는 상인들에게 숙식을 제공하고 상품을 위탁 판매하는 일종의 중개상인이었다.

용해 부를 축적하기 시작했다. 섬에 갇혀 있었지만, 고위 관리와 육지 상인들과 교류하면서 물류 동향에 대해 누구보다 앞선 정보를 가질 수 있었던 만덕. 그녀는 더 큰 도전을 준비하고 있었다.

뱃길로 열린 팔도의 시장

조선사회는 사농공상의 신분 질서가 굳건히 뿌리내린 사회였다. 하지만 17세기 이래 대동법의 실시로 수공업이 발달하고 화폐 사용이 활발해지면서 급격한 변화를 겪게 된다. 드디어 돈의 가치와 상업의 중요성을 인식하기 시작한 것이다. 이를 뒷받침하듯 18세기가 되면 전국에 1000여 개에 달하는 시장이 생겨난다.

시장은 팔도에서 올라온 각종 특산물로 언제나 활기를 띠었다. 개성의 인삼, 한산의 모시, 전주의 한지, 안성의 유기, 원산의 북어 등의 특산품은 희소성 때문에 매점매석이 가능했고, 상인들은 특산품 거래를 통해 조선 후기 신흥부자로 떠올랐다.

제주는 조선 군마의 최대 생산지였다. 기후가 따뜻하고 광활한 초지가 펼쳐져 말을 사육하기에 안성맞춤이었다. 말을 키워 조정에 진상하는 것은 제주목사의 중요한 임무였다. 진상되는 말 외에 개인 목장의 말은 비싼 값에 팔려나갔다. 《경국대전》 호전에 따르면 큰 말 상등품 한 필은 쌀 20석의 가치가 있었다. 당시 상인들은 말 매매로 엄청난 이익을 얻을 수 있었다. 장덕지 제주산업정보대학 교수에 따르면 "모든 말들은 조천포나 화북포를 통해 육지로 나가서 강진이나 영암을 거쳐 다시 나주로 나갔는데, 나주에서는 제주마 가격이 두 배로 올라서 쌀 40석, 한양에서는 쌀 80석에 거래되었다는 기록이 남아있다"고 한다.

말 꼬리털인 말총 또한 제주만의 특산품이었다. 이 시기 작품인 박지원의 〈열하일기〉에 보면 "허생이 제주로 들어와 말총을 모두 거두었는데 얼마 되지 않아 망건 값이 열 배나 올랐다"고 할 정도였다. 허생은 한양 사람이었다. 말총을 매점하기 위해 멀리 한양뿐만 아니라 개성에서도 직접 제주도를 찾았을 정도로 말총은 그 가치가 상당했다.

제주의 특산물이었던 말총. 갓에 필요한 재료 중 하나.

말총과 함께 양태도 제주

특산물이었다. 갓의 테두리에 해당하는 양태는 대나무로 만든 수공예품으로, 제주 양태가 전국 시장을 독점하고 있었다. 말총과 양태는 모두 양반의 복식인 갓에 필요한 재료였다.

조선 후기 봉건적 신분제가 해체되면서 양반의 수가 증가하게 되고 더불어 갓과 망건, 탕건의 수요 또한 급증했다. 미역은 봄철에만 채취가 가능하지만, 양태를 짜는 대나무는 베어만 두면 비가 오나 눈이 오나 언제든 집 안에서 만

양태장인 양순자 씨가 양태를 짜는 모습(위). 말총과 함께 양태도 제주의 특산물로, 20세기 초반까지 제주 여인들의 주 수입원이었다.

들 수 있었다. 양태는 20세기 초반까지 제주 여인들의 주 수입원이기도 했다.

출륙금지령이 내려진 상태였지만 정조 후기에 들어서면서 제주 상인도 전국 각지에서 자유로운 판매를 보장받았다. 대신 육지와 거래할 수 있는 포구를 정해놓았는데 조천포구와 화북포구가 그것이다.

제주뿐 아니라 전국의 포구를 중심으로 배를 이용한 상품유통이 활발해졌다. 배는 육상교통보다 시간적으로나 경제적으로 유리했다. 조선 후기 이중환의 인문지리서 《택리지》에서도 상업 활동에서 해운의 중요성을 강조하고 있다.

〈탐라순력도〉(일부). 당시 제주뿐 아니라 전국의 포구를 중심으로 배를 이용한 상품유통이 활발했다. 배는 육상교통보다 시간적으로나 경제적으로 유리했다.

길이 멀면 운반비 때문에 이득이 적게 된다. 그러므로 물화를 옮겨가고 바꾸어 이득을 보려면 배에 싣고 운반해야만 한다.

최고의 부자로 거듭나다

제주 특산품의 가치를 알아본 만덕도 육지와 직거래를 시작했다. 멀리 개성에서까지 찾아올 정도였으니 제주의 특산품을 직접 가지고 나가면 훨씬 많은 이득을 볼 수 있었다. 갓 양태나 마른 미역은 저장성이 우수하기 때문에 먼 거리 이동에도 부패할 염려가 없었다. 제주도에서 출발한 배는 하루 만에 해남이나 강진에 닿을 수 있었다.

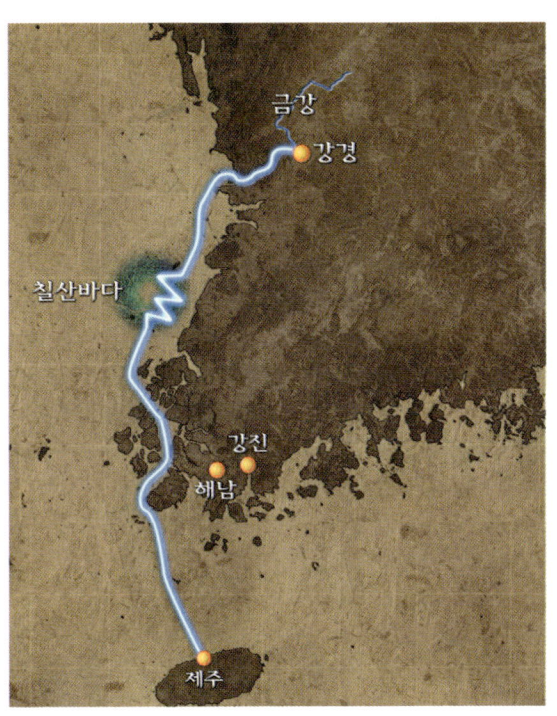

조선시대 제주의 상업 루트.

특히 강진은 제주와의 교역이 가장 활발했다. 강진 마량항은 지명에 마(馬)라는 글자가 남아 있을 정도로 제주와 인연이 깊은 교통의 요충지이자 상업의 거점이었다. 당시의 포구는 제주에서 건너온 배들로 장관을 이루었다. 정약용이 순조 1년(1801) 신유박해에 연루되어 강진에 유배되었을 때 쓴 시 〈탐진어가耽津漁歌〉에 당시 강진항의 모습이 잘 드러나 있다.

추자도 장삿배가 고달도에 매였다네.
제주도 갓 양태를 가득 싣고 왔다네
돈 많고 물건 많아 장사 시세 좋을 세라.

제주와의 교역이 가장 활발했던 강진 마량항. 지명에 마(馬)라는 글자가 남아 있을 정도로 제주와 인연이 깊은 교통의 요충지이자 상업의 거점이었다.

　제주의 양태를 실은 만덕의 배가 강진에 도착하면 많은 상인들이 기다리고 있다가 제주산 양태를 선점하기 위해 쟁탈전을 벌였다. 강진은 갓 양태의 집산지였다. 팔도의 상인들이 제주의 갓 양태를 구입하기 위해 진을 치고 달려들었다. 갓 양태를 매점하기 위한 개성상인과 한양상인의 다툼도 흔한 일상이었다.

　수공업은 농업보다 이문이 훨씬 많이 남았다. 특히 양반들을 상대로 판매하는 갓은 고부가가치 상품이었다.

　제주 특산품은 뱃길이 험했던 칠산 바다를 건너 당시 전국 3대 시장 중 하나인 충청도 강경까지 진출했다. 표류선박들의 기록을 담고 있는 〈표인영래등록漂人領來謄錄〉을 보면 강경은 물론 전국에서 제주상인들의 표류 사실이 확인된다. 당시 제주인들의 상업 활동이 전국적으로 활발했음을 알 수 있다. 금강의 강경 포구는 18세기 이래

충남 논산시 강경포구의 옛 모습. 제주 특산품은 뱃길이 험했던 칠산 바다를 건너 당시 전국 3대 시장 중 하나인 충청도 강경까지 진출했다.

충청과 전라 두 지역의 생산물이 모여들기 시작하면서 급격하게 번성했다.

제주에서 충청도까지는 만만치 않은 항해였다. 그런 위험을 무릅쓰면서까지 제주배가 강경 포구까지 진출한 이유는 명확했다. 한양이 가까워질수록 물건 값이 치솟았기 때문이다. 상민들은 제주 특산물인 말총이나 말들을 가지고 상당한 차익을 실현한 뒤 돌아오는 배편에 미곡을 실어다 팔았다. 그렇게 만덕은 시세차익을 실현하면서 부를 축적했다. 《번암집》에는 만덕이 "시세에 따라 물가의 높고 낮음을 잘 짐작하여 사고팔기를 계속하니 몇 십 년 만에 부자로 이름을 날리게 됐다"고 적혀 있다.

비록 몸은 제주에 묶여 있었지만, 만덕의 사고는 18세기 조선을 뛰어넘는 것이었다. 객주를 시작으로 유통업에 뛰어든 지 30여 년 만에 만덕은 제주 최고 부자의 반열에 올랐다.

왜 하필 만덕인가?

50여 세의 나이에 제주 거상이 된 김만덕. 모든 성공한 기업인들이 그렇듯 만덕의 성공에는 남다른 근검절약도 한몫을 했다. 만덕의 묘비문에는 "의복을 줄이고 먹을 것을 먹지 아니 하니 재산이 대단히 커졌다"는 내용이 나온다. 또 조선시대 문인 심노숭(沈魯崇·1762~1837)의 《효전산고孝田散稿》에는 "만덕의 성품이 음흉하고 인색해 돈을 보고 따랐다가 돈이 다하면 떠나는데…… 이리하여 그녀는 제주 최고의 부자가 된 것이다"라는 내용도 나온다.

악착같은 그녀의 성품을 어느 정도 짐작해볼 수 있는 대목이다. 하지만 만덕은 누구보다 돈의 가치를 잘 알았던 사람이다. 재물을 잘 쓰는 자는 밥 한 그릇으로도 사람의 인명을 구할 수 있지만, 그렇지 않으면 썩은 흙과 같다고 생각한 만덕은 자신의 전 재산을 풀어 굶주린 제주 사람들을 살렸다.

제주 목사는 이런 만덕의 선행을 조정에 보고했다. 만덕을 기특하게 여긴 정조는 목사를 시켜 만덕의 소원을 물어보게 했다. 만덕은

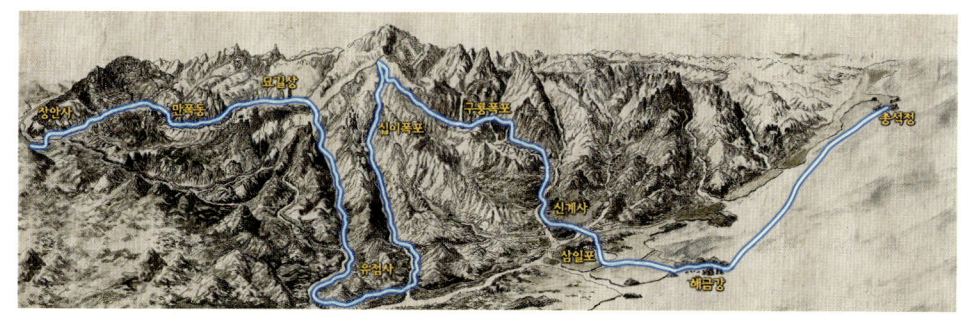

금강산 유람지도. 금강산을 유람하는 것은 풍류객들에게 대단한 명예로 여겨졌다.

"제 소원은 단 한번이라도 이곳 제주를 벗어나 임금이 계시는 한양과 금강산 일만이천봉을 유람하는 것입니다"라고 대답했다.

벼슬도 금은보화도 원하지 않았지만, 만덕의 소원은 결코 이루기 쉬운 것이 아니었다. 제주인들의 출륙금지령이 국법으로 엄연했기 때문이다. 더욱이 여자는 육지 사람과의 결혼까지 금지할 정도로 엄하게 규제했다.

박찬식 제주대학교 탐라문화연구소 교수는 만덕의 소원에는 "순수하게 육지 구경 한 번 해보고 싶다는 소박한 바람과 함께, 제주 섬에 사는 여성으로서 당시의 시대적 한계를 뛰어넘어보고 싶다는 마음이 들어 있었던 게 아닐까" 추정했다.

정조는 그런 만덕의 소원을 기꺼이 들어주고 만덕을 내의원 행수로 삼았다. 평민인 만덕에게 궁궐에 들 수 있는 자격과 지위를 준 것이다. 정조는 만덕의 선행을 다른 도에 본받도록 널리 알리라고 명하고 육지에 머무는 동안 양식과 노자를 지급했다. 이듬해인 1797년 3월, 만덕은 드디어 금강산 유람을 시작했다.

그런데 왜 금강산이었을까? 금강산은 삼라만상을 축소해놓은 하나의 세계였다. 그 세계를 유람하는 것은 풍류객들에게 대단한 명예로 여겨졌다. 금강산 유람을 위해 계를 결성할 정도로 당시 금강산 유람은 열풍이었다고 한다.

만덕은 만폭동, 묘길상의 기이한 경치를 다 구경했다. 사찰에 들를 때마다 정성을 다해 공양을 드렸으며, 삼일포에서 배를 타고 통천 총석정에 오르는 것으로 한 달여에 걸친 금강산 유람을 마쳤다.

한양에 도착한 만덕은 그야말로 장안의 화제가 됐다.

변방의 제주 여인으로 주린 백성을 살릴 만큼 상업으로 크게 성공한 부자인데다, 사대부들도 쉽게 하지 못하는 금강산을 두루 구경하고 돌아오지 않았던가.

《번암집》에는 당시 "만덕의 이름이 한양 안에 가득하여 공경대부와 선비 등 계층을 가리지 않고 모두 그녀의 얼굴을 한 번 보고자 했다"고 전한다. 당대 천재학자이자 문장가들도 예외는 아니었다. 박제가, 병조판서 이가환, 정약용 등은 생애 처음이자 마지막 육지 여행을 마치고 귀향하는 만덕을 위해 환송의 시를 지어주었다.

> 만덕은 제주의 훌륭한 여인일세
> 예순 나이 마흔쯤으로 보이는구려
> 평생 모은 돈으로 쌀 팔아 백성을 구제하고
> 한 번 바다를 건너 궁궐을 조회하였네 ─이가환

채제공의 영정. 당시 정승이던 채제공은 그녀의 일대기를 글로 써서 선물할 만큼 그녀에 대한 애정이 각별했다.

특히 정승이었던 채제공은 만덕의 일대기를 글로 써서 선물할 만큼 그녀에 대한 애정이 각별했다.

> 넌 탐라에서 자라 한라산 백록담 물을 먹고 이제 또 금강산을 두루 구경하였으니 온 천하의 수많은 사내들 중에서 이런 복을 누린 자가 있을까. ─채제공, 〈만덕전〉 중에서

실학자가 인정한 전문경영인

6개월간의 짧지만 잊을 수 없는 육지 여행을 마친 만덕은 제주에서 여생을 마쳤다. 김만덕. 그녀는 18세기 변화하는 시대 속에서 모험과 도전을 통해 큰돈을 모은 전문경영인이었다. 그리고 여성에 대한 금기를 깨고 자신의 삶을 경영할 줄 알았던 앞선 근대인이었다.

그런데 만덕의 덕을 칭송하며 후대에 그 이야기를 전하려고 했던 이들에게는 남다른 공통점이 있다. 정조, 채제공, 정약용, 박제가, 이가환. 이들은 모두 새로운 조선 사회를 건설하기 위해 무엇보다 경제의 중요성을 깨달았던 개혁 군주와 실학자들이었다. 시대의 변화를 주도했던 이들이 만덕을 주목한 데는 분명 그만한 이유가 있지 않았을까?

변화의 시기엔 언제나 반대 여론이 높은 법이다. 사농공상의 신분 질서 속에서 여전히 상업에 대한 반대 여론이 만만치 않던 시대에 여론을 무마하고 상업을 발달시키기 위해서는 좋은 모범이 필요했을 것이다. 돈의 흐름을 좇아 영리하게 부를 축적할 줄도 알았지만, 그 돈을 기꺼이 사회에 환원할 줄도 알았던 만덕이야말로 그들이 꿈꿨던 상도의 전형은 아니었을까?

그리고 기부를 통한 부의 사회 환원을 실천한 만덕의 정신은 오늘 우리 사회에도 여전히 유효한 나눔의 미덕일 것이다.

한국사
傳
8

1962년 군사정권이 들어서던 해,
한 여인을 태운 비행기가 김포의 활주로에 내려섰다.
비행기가 도착하는 순간, 고운 한복을 입은 노인들이 큰 절을 올렸다.
"아기씨"
아기씨라고 불린 그 여인은, 38년 만에 다시 보는 고국의 모습을 알아보지 못했다.
아기씨는 일본으로 끌려가야 했던 고종의 외동딸,
잊혀진 대한제국의 마지막 왕녀 덕혜옹주다.

비운의
라스트 프린세스
— 덕혜옹주

덕혜옹주(1912~1989)는 조선의 제26대 국왕이자 대한제국의 황제였던 고종의 딸이다.

왕녀에는 공주와 옹주가 있다.
왕과 정비 사이에 낳은 딸을 공주라고 하고,
왕과 차비 또는 궁녀 사이에서 태어난 딸을 옹주라고 불렀다.
덕혜옹주는 고종의 정비인 명성황후의 딸이 아니라
후궁에게서 태어난 왕녀였다.
고종의 외동딸이자 조선의 마지막 임금 순종의 누이동생이었던 덕혜옹주.
그녀는 왜 정신이상자가 되어 돌아왔을까?
지금부터 그녀의 파란만장했던 삶의 여정을 따라가 보자.

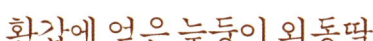

환갑에 얻은 늦둥이 외동딸

한국 근대사의 영광과 굴욕이 함께했던 곳, 덕수궁은 대한제국 고종 황제의 궁궐이었다. 1910년 한일합방으로 나라를 빼앗긴 지 2년 후의 어느 봄날, 비탄에 잠긴 덕수궁에 새 생명이 태어났다. 고종의 나이 환갑이 되던 해였다. 폐위된 고종이 가장 총애하던 궁녀 양씨가 고종의 딸을 낳은 것이다.

딸이 태어나자 고종은 양씨의 거처를 드나들기를 즐기며, 종척들을 불러 모아 아기를 보여주었다. 삼칠일이 지나고 아기가 무사히 50일을 맞이하자 고종은 자신의 거처인 함녕전으로 아기를 데려왔.

1912년 5월 이후의 《왕조실록》에는 작은 변화가 생긴다. 새로 태어난 아기(阿兄)에 관한 기술이 부쩍 늘어난 것이다. 동북아역사재단의 이훈 연구원은 "공주도 아닌 옹주에 관한 기사가 이렇게 많은 것은 역대 《조선왕조실록》에서 찾아보기 힘든 일"이라며, "합방 후 왕실이 무력해지는 상황에서 새 생명의 탄생이 고종에게 무척 커다란 희망이 되었다"는 반증일 것이라고 설명한다.

> **1912년 5월 이후 《실록》에 등장하는 덕혜의 기록**
>
> 5월 25일: 덕수궁 궁인 양씨가 딸을 낳으니 양씨에게 복녕이라는 당호를 내리다
> 5월 26일: 태왕 전하가 복녕당에 왕림하다
> 5월 27일: 태왕 전하가 이희 공 등 종척들을 함녕전 복녕당에서 접견하다
> 6월 1일: 왕비와 함께 덕수궁을 알현했고 태왕 전하를 모시고 복녕당에 가다
> 6월 14일: 새로 태어난 아지의 삼칠일이므로 태왕 전하 복녕당에 왕림하여 종척 및 관리들을 접견하다
> 7월 13일: 태왕 전하가 복녕당에 가서 태어난 아지를 데리고 함녕전으로 돌아오다

열두 살의 어린 나이에 국왕의 자리에 올라야 했던 고종은 1907년 헤이그 밀사사건으로 폐위되고, 왕위는 명성황후가 낳은 순종에게 넘어갔다. 그렇게 울분 속에 지내던 말년에 자신을 그대로 빼닮은 늦둥이 딸이 태어난 것이다. 환갑에 얻은 딸은 늙은 국왕의 기쁨이 되었다. 덕혜 나이 다섯 살이 되던 해에 고종은 덕수궁 즉조당에 유치원을 세운다. 딸을 하루 종일 보고 싶은 아버지의 마음이었다.

그러나 일본은 덕혜를 왕족으로 인정하지 않았다. 겉으로는 생모 양씨의 신분이 낮다는 점을 들었지만 실제로는 조선 왕족이 늘어나는 것을 원치 않았기 때문이다.

당시 일본인 관리였던 곤도 시로스케(近藤四郎介)는 덕혜를 왕족에 넣기 위한 고종의 전략을 이렇게 증언하고 있다.

> 데라우치 총독이 의례적으로 고종을 배알하기 위해 덕수궁을 찾았다. 기지가 넘치시는 전하는 친히 총독을 데리고 즉조당으로 이끌었다. 전하는 뛰노는 아이들 중에서 단연 기품 있고 귀여운 여자아이를 앞으로 불러내어

이렇게 말했다. "이 아이가 내 만년에 얻은 총아요. 이 아이 덕분에 덕수궁에 기쁨이 넘치고 있소. 내 노후의 외로움을 달래주는 건 오로지 이 아이뿐이외다."

전하가 말을 마치자 덕혜옹주는 총독을 향해 얌전하게 인사를 하셨다. 무뚝뚝한 표정의 군인인 총독 데라우치도 순간 당황하여 "오! 귀여운 따님이십니다. 이런 따님이 있으시니 실로 행복하시겠습니다."라고 대꾸했다.

총독은 옹주에게 덕담을 남기고 덕수궁을 떠나 관저로 돌아온 후 사람들에게 "저 귀엽고 천진무구한 옹주를 보고 난 이상 나도 꼬투리를 잡을 수가 없군. 오늘은 멋지게 한방 먹었다"라고 했다. 그 후 모든 문제가 잘 해결되어 덕혜옹주는 완전히 왕적에 들어가고 이태왕(고종)의 왕녀로 궁내성에도 명백히 보고되었다. ─곤도 시로스케, 《이왕궁비사李王宮秘史》 중에서

여덟 살에 겪은 아버지의 독살

일본으로부터 덕혜가 왕녀로 인정을 받았다고 해서 아버지 고종의 근심이 완전히 사라진 건 아니었다. 덕혜가 성장할수록 고종은 또 다른 고민에 빠졌다. 영친왕에 이어 외동딸 덕혜마저 일본에 빼앗길까 노심초사했던 것이다.

엄 황귀비에게서 낳은 아들인 영친왕 이은은 열한 살이 되던 해에 이토 히로부미의 손에 의해 일본으로 보내졌다. 그 후 일본은 이은을 일본인으로 키웠고, 1916년에는 일본 황족인 마사코(이방자)와 이은

영친왕과 이방자의 결혼 기사.

영친왕 이은(오른쪽). 열한 살이 되던 해에 이토 히로부미의 손에 의해 일본으로 보내졌다.

의 약혼을 일방적으로 발표했다. 민중들은 조선 왕족이 일본인과 결혼한다는 소식에 분노했다.

李垠의 娶仇女(이은이 원수의 여자를 취함)

금일부터 영친왕으로 존칭하기를 폐하리라, 영친왕이었던 이은은 아비도, 나라도 없는 금수인 고로……. ―〈독립신문〉 1920년 5월 8일

덕혜의 거취를 고심하던 고종은 신뢰
하던 시종에게 덕혜의 부마(駙馬)를 찾아
줄 것을 부탁했다. 고종의 밀령을 받은
시종 김황진은 덕혜의 부마로 자신의 조
카를 천거했다. 김장한이라는 소년이었
다. 그러나 혼약이 이루어지기 직전에

고종의 시종이었던 김황진. 덕혜의 부마로 자신의 조카 김장한을 천거했던 사실이 들통 나 궁에서 쫓겨났다.

계획은 수포로 돌아갔다. 사정을 알아챈 일본이 김황진을 궁궐에서
내쫓아버린 것이다.

그로부터 얼마 후 급작스런 고종의 사망이 발표됐다. 향년 68세였
다. 총독부에서는 뇌일혈이라고 주장했다.

당시 민중들은 고종의 죽음을 어떻게 받아들였을까? 지금으로부
터 12년 전 성신여자대학교 구양근 총장이 일본 외무성 외교사료 극
비2관에서 찾아낸 극비문서가 있다. 고종의 사망 직후 발표된 국민
대회의 성명서다. 성명서는 고종이 국제사회에 일본강점의 불법성
을 알리려고 하자, 이를 눈치 챈 친일파들이 궁녀를 시켜 밤참에 독
약을 타서 고종을 시해했다고 주장한다.

> 친일파들은 윤덕영, 한상학 두 역적을 시켜 식사당번을 하는 두 궁녀로 하
> 여금 밤참에 독약을 타서 올렸다.

구양근 교수에 따르면, 당시 국민대회를 추진했던 단체들은 고종
의 사망이 일제 혹은 일제의 사주를 받은 친일매국노들의 독살에 의
한 것이 분명하다는 정보를 입수해 국민들에게 재빨리 알렸고, 그것

의친왕 이강. 고종이 독살되었음을 국제사회에 알리기 위해 1919년 11월 9일 신의주로 탈출을 감행했지만, 국경에서 일본경찰의 감시망에 걸리고 말았다.

이 전국에 급속도로 퍼지기 시작했다고 한다.

고종황제가 독살되었다는 소식이 퍼지자 조선의 민중들은 분노했다. 고종의 국장에 맞추어 3·1운동이 일어났다. 왕족들도 행동에 나섰다. 고종의 아들인 의친왕 이강은 고종이 독살되었음을 국제사회에 알리기 위해 1919년 11월 9일에 신의주로 탈출을 감행했지만, 국경에서 일본경찰의 감시망에 걸리고 말았다.

당시 덕혜 나이 여덟 살. 그녀는 아버지의 독살을 누구보다도 가까이서 지켜본 존재였다.

덕수궁의 꽃에서 일본의 인질로

고종은 원래 9남 4녀를 둔 것으로 알려져 있지만, 자식들 대부분은 유아 시절에 사망했다. 명성황후가 낳은 순종황제 척(拓), 귀인 장씨가 낳은 의친왕 강(堈), 엄 황귀비가 낳은 영친왕 은(垠), 그리고 복녕당 양씨가 낳은 덕혜(德惠) 옹주. 이렇게 3남 1녀만 장성할 때까지 생존했다.

그중에서도 외동딸 덕혜에 대한 아버지 고종의 무한한 사랑은 《실

고종은 원래 9남 4녀를 두었지만, 순종황제 척(拓), 의친왕 강(堈), 영친왕 은(垠), 그리고 덕혜(德惠) 옹주. 이렇게 3남 1녀만 생존했다.(왼쪽부터)

록》이 증언하고 있다. 덕혜는 왕실의 사랑을 온몸으로 받으며 덕수궁의 꽃으로 어린 시절을 보냈다. 그러나 여덟 살에 찾아온 아버지 고종의 독살사건은 덕혜옹주의 인생에 어두운 그림자를 드리웠다.

고종의 억울한 죽음에 분노한 조선의 민중들에게 덕혜옹주는 죽은 임금을 대신하는 존재로 부상했다. 말하자면 덕혜는 왕실을 상징하는 마스코트였던 것이다. 3·1 운동 발발 직후 〈조선일보〉와 〈동아일보〉가 창간되자 지면은 종종 덕혜의 기사로 채워졌다.

> 금옥가치 애지중지하시던 부왕을 여의신 아기씨께서는 어머님과 함껙 창덕궁 안 관물헌에 기거하시며 낮에는 삼사인의 학우와 글과 글시를 배호시고 밤이면 어머니의 품에 드시여 멀니 부왕의 넷자최를 꿈꾸시기로, 전에는 피아노나 풍금에도 매우 재미를 붓치시였스나 부왕께서 한번 승하하압신 후로는 일절 그러한 풍악류에는 손을 대지이도 안으신다.
>
> —〈동아일보〉 1920년 6월 3일

'아기씨'에 대한 존경과 애정이 묻어나는 기사다. 이훈 연구원은 1920년대 〈동아일보〉나 〈조선일보〉에 덕혜의 동정 기사와 사진이 늘어난 배경에 대해 덕혜옹주가 "아직 일본의 손길이 닿지 않은 유일한 왕족이었다는 점에서 조선 민족에게 우상으로 기능하지 않았을까" 본다.

아버지 고종이 승하하고 2년 뒤인 1921년 4월 1일, 덕혜는 서울에 거주하는 일본인 자제들을 위한 충무로의 일출소학교에 입학했다. 덕혜는 일본식 교육을 받아야 했다.

그러던 1925년 3월 24일, 마침내 고종이 우려했던 일이 일어났다. 덕혜의 일본유학 명령이 떨어진 것이다. 고종의 분신으로 조선 민중의 사랑을 받던 덕혜를 일본은 특히 경계했고, 조선 민중의 관심에서 떼어놓으려 애썼다. 일본으로 떠나는 그날, 덕혜는 기모노를 입어야 했다.

덕혜가 일본식 교육을 받았던 일출초등학교 교적지.

고 고종태황데의 만년총애를 밧고 리왕뎐하의 특별한 우애를 바드시는 덕혜옹주는 아즉 열네 살의 어린 나희로 주위의 사정과 여러 가지 관계로 정든 고국을 뒤두고 멀리 일본동경학습원으로 유학을 가시게 되엿습니다.

—〈조선일보〉1925년 3월 29일

서울을 떠난 지 이틀 후, 일본에 도착한 덕혜를 맞이하던 순간을 영친왕의 아내 이방자는 기억한다.

나는 깜짝 놀랐다. 처음 내가 한국에 갔을 때 본 옹주와는 영 달라져 있었던 것이다. 처음 봤을 때 나를 매료시켰던 발랄하고 영롱했던 눈초리는 아예 찾을 수 없었다. "긴 여행을 하시느라 피곤하신가 보군요." 나는 조용히 그에게 말했다. 그러나 옹주는 대답하지 않았다. 나는 다시 물었다. 이번에는 한국말로 했다. 그러나 옹주는 이번에도 아무 말을 하지 않았다. 그는 나를 보고 미소조차 띠지 않았다.

―이방자, 《지나온 세월》 중

덕혜의 침묵. 어린 소녀가 선택할 수 있는 최대의 반항이었다. 조선의 왕족을 일본인화시키려는 일본의 의도에 열네 살 소녀는 반발하고 있었다.

독살에 대한 공포와 어머니의 죽음

일본에서 덕혜는 당시 천황가와 화족 집안의 자제들이 다니던 여자학습원에 입학했다. 덕혜가 일본으로 떠난 지 두 달 후 〈조선일보〉는 덕혜의 학교생활을 상세히 전하고 있다.

요사이 덕혜옹주께서는 매일 오전 6시에 이러나 일곱시에 학교에 와서 오후 두시에 도라온 후 여가에는 학습원교수에게 블란서말을 전심 연구하시며 틈틈이 즐겨하시는 동요도 지으신다더라. ―〈조선일보〉 1925년 5월 13일

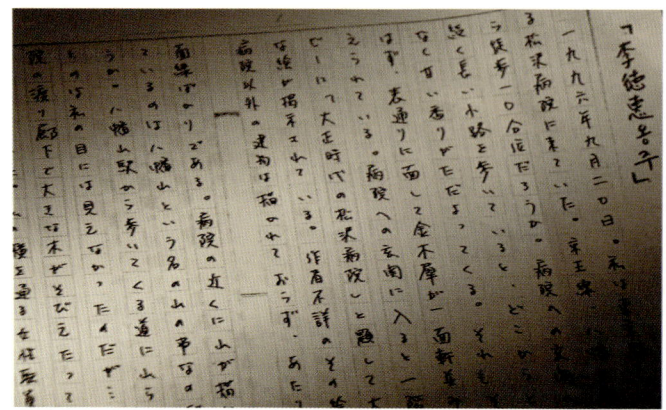

동창생이 증언한 덕혜의 학창시절을 기록한 문서.

아버지를 독살한 나라에서 덕혜의 학창생활은 순조로웠을까? 김문길 부산외국어대학교 일본어학과 교수는 6년 전 일본에서 덕혜의 학창생활에 관한 문서 하나를 손에 넣을 수 있었다. 덕혜의 한 동창생이 증언한 내용을 일본의 향토사학자가 기록한 문서이다.

문서 속의 일화를 보자. 덕혜옹주가 늘 보온병을 들고 다니는 걸 보고 어느 날 동창생이 "왜 그렇게 많은 보온병을 들고 다니냐"고 물었다. 덕혜는 "독살을 피하기 위해서"라고 대답했다.

일본에 끌려간 후, 무엇보다 덕혜를 괴롭힌 것은 억울하게 죽은 아버지에 대한 기억이었다. 덕혜는 아버지처럼 자신도 언제 독살될지 모른다는 공포 속에서 살아야 했다.

덕혜에 관해 증언을 했다는 동창생은 일본 의회정치의 아버지라 불리는 정치가 오자키 유키오(尾崎行雄·1858~1954)의 딸인 소마 유키카 여사(96)다. 덕혜와 동갑내기인 그녀는 독살의 두려움 속에서 생활하는 덕혜에게 철없는 한마디를 던졌던 것을 지금도 기억한다.

덕혜옹주에게 "내가 당신 입장이라면 독립운동에 나섰을 텐데 당신은 왜 여기에 있나요?"라고 물었습니다. 덕혜옹주는 한마디도 대꾸하지 않았습니다. 늘 말이 없는 아이였어요.

독살의 공포와 아무것도 할 수 없다는 자책 속에서 덕혜는 입을 다물어야 했다. 자신을 이해해주는 사람이 아무도 없는 곳에서 사춘기에 접어든 소녀는 외로움과 싸우고 있었다.

덕혜가 일본에서 생활한 지 5년째 되던 해인 1929년 5월 29일, 나라가 망하지 않

덕혜의 생모인 양귀인.

았다면 빈이나 비가 되었을 어머니 양귀인이 유방암으로 세상을 떠났다. 아버지에 이어 어머니마저 손닿지 않는 곳으로 떠나버린 것이다. 장례식 때 덕혜의 모습을 〈동아일보〉는 다음과 같이 전한다.

> 옹주는 검은 양장에 애통에 여위신 몸을 싸시고 창덕궁에 들어가셔 이전 어머니가 계셨던 관물헌에서 잠깐 쉬이신 후 락선재로 대비전하께 배알하고 다시 1시에 거행하는 성복전에 참열하시다. ―〈동아일보〉 1929년 6월 3일

성복전(成服奠)은 유족들이 처음으로 상복을 입는 의식이다. 조선왕실의 전통을 따르자면 덕혜는 마땅히 3년간 상복을 입어야 한다. 그러나 총독부는 그보다 3년 앞서 제정된 《왕공가궤범》의 193조 6항을 내세우며 왕족인 덕혜가 왕족도 귀족도 아닌 어머니의 초상에 상복

천담복을 입은 덕혜의 모습이 실린 기사.

을 입을 수 없다고 주장했다. 문제의 193조 6항은 "왕공족은 황족, 왕족, 공족, 조선족귀족이 아닌 친족의 초상에 상복을 입지 않는다"이다. 덕혜를 염두에 두고 만들어진 조항이었다. 일본의 주장에 따라 결국 덕혜는 3년 상이 끝난 후에 입는 옥색 한복인 천담복(淺淡服)을 입어야 했다.

궁궐 내의 초상이 독립운동으로 이어질 것을 두려워했던 일본은 장례 이틀 후 슬픔을 추스르지도 못한 덕혜를 서둘러 일본으로 돌려보냈다. 그런데 영친왕의 아내 이방자의 기억에 따르면 초상을 치르고 돌아온 덕혜에게 이상한 일들이 일어났다고 한다.

가을학기가 시작해도 학교에 가고 싶지 않다며 종일 누워 있고 식사도 하지 않았습니다. 밤에는 강도 높은 불면증에 시달렸고, 어떤 때는 갑자기 밖

으로 뛰쳐나가길래 놀래서 찾았더니 뒷문으로 해서 아카사카 방면으로 걸어가고 있거나 하는 일도 일어났습니다. 보통 일이 아니라고 생각해 정신과 선생님에게 내진을 부탁했더니 조발성치매(정신분열증)라는 진단이 나왔습니다. —이방자 회고록, 《흐르는 대로流れのままに》 중에서

정신분열증은 대부분 사춘기 때 많이 발병한다. 발병 원인에 대해 아직 정확히 밝혀진 바는 없지만, 최근 학계에서는 성장기에 겪는 가족관계가 정신분열증의 주요 원인이 된다고 보고 있다.

어린 소녀 덕혜가 감당하기에 운명은 너무 버거웠다. 결국 덕혜가 내릴 수 있었던 선택은 영혼만이라도 이 세상으로부터 벗어나는 것이 아니었을까?

짧은 결혼생활과 정신병원 생활의 시작

세상의 끈을 놓아버린 소녀에게 일본이 준비한 마지막 수순이 기다리고 있었다. 일본 궁내성은 정신분열증 발병 직후에 덕혜의 결혼을 추진했다. 조선왕족을 일본인과 결혼시켜 조선이라는 나라의 흔적을 지우고자 했던 것이다. 1930년 10월, 덕혜의 결혼이 결정됐다. 덕혜의 배필로 뽑힌 청년은 쓰시마섬(對馬島)의 36대 도주(島主)로, 도쿄대에 다니던 스물네 살의 소 다케유키(宗武志) 백작이었다. 일본의 향토사학자 나카도메 히사에 씨는 "덕혜의 정략결혼을 추진한 사람들은

덕혜의 남편인 소 다케유키 백작.

당연히 여러 가지 사정을 고려해 조사했을 것"이고, 쓰시마 도주인 소 다케유키 백작이라면 "두 사람의 결혼에 별 잡음이 없으리라는 점을 미리 계산에 넣었을 것"이라고 설명했다.

1931년 5월 8일, 결혼식이 거행되었다. 조선 민중의 우상이었던 덕혜가 일본인의 아내가 되는 날이었다. 조선의 민중들은 이날 비탄에 빠졌다. 〈동아일보〉의 기자는 분노를 기사 속에 숨겼다.

> 덕혜옹주는 양장을 입으시고 자동차로 소오 백작 집에 이르러 11시 25분부터 **순일본식**으로 혼례를 치루셨다. —〈동아일보〉1931년 5월 9일

〈조선일보〉는 결혼식 사진에서 아예 남편의 모습을 지워버렸다.

그날 이후 일본이 의도한 대로 덕혜에 관한 신문 보도는 사라졌다. 조선은 덕혜를 잊기 시작한 것이다.

결혼 후 덕혜의 정신병은 진정되었을까? 불행히도 그 반대인 듯하다. 대대로 쓰시마 도주를 섬기던 집안의 히라야마 다메타로는 덕혜옹주를 처음 만난 날 일기를 썼는데 그 기록이 지금도 남아 있다. 결혼 직후 덕혜가 남편 소 다케유키 백작을 따라 쓰시마의 시댁을 방문하던 날의 일이다.

> 11월 3일 화요일 흐림. 오전 10시 백작의 거처에 들르다.

덕혜의 결혼식 기사에서 남편 얼굴을 지워버린 〈조선일보〉.

백작과 그림 및 난초 등에 관해 장시간 담화를 하다.

이야기 도중 덕혜 부인이 갑자기 들어왔다.

인사를 하자 말없이 답례만 할 뿐

그런데 끊임없이 소리 내어 웃기를 여러 번. 참으로 병적인 행동이다.

백작의 심정은 어땠을까. 한탄스러운 일이다.

졸업 후 영문학자가 된 남편 다케유키는 바깥세상과의 교류를 끊었고, 덕혜에 대한 소식도 자연히 종적을 감춘다. 다만 당시 일본귀족들의 근황을 정리한 〈황실황족성감〉에 젊은 부부의 편린이 남아 있다. 덕혜의 정신 상태에 대해서는 일절 언급이 없지만, 1932년 8월 14일에 덕혜가 딸을 출산했다고 적고 있다. 딸에게 마사에(正惠)라는 일본 이름을 지었다. 덕혜만큼 고종을 닮은 아이였다.

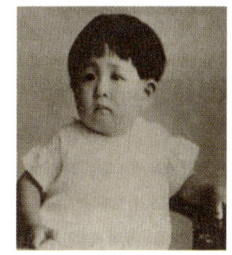

덕혜의 딸 마사에.

한편 시대는 광란의 어둠속으로 질주해갔다. 패망 후 1947년 5월 3일부터 일본국 신헌법이 시행됨에 따라 화족제도는 폐지되었다. 소 다케유키도 백작 작위와 재산상의 특권을 잃고 평민으로서 새 삶을 살아야 했다. 간병해줄 하인도, 이혼을 금지하던 화족제도도 모두 없어진 시대. 남편은 마음을 굳힌다.

덕혜의 새로운 거처는 도쿄의 마쓰자와 정신병원이었다. 입원생활 10년이 흘렀을 무렵인 1955년 6월에 소 다케유키는 덕혜와 이혼하고 그해 새 아내를 얻었다.

잊혀진 덕혜와 딸 마사에

덕혜와 남편 소 다케유키. 1931년 11월 쓰시마섬 방문 당시 촬영.

덕혜옹주의 결혼생활은 지금까지 거의 알려지지 않았다. 일본이 패전한 후 소 다케유키는 덕혜옹주를 정신병원에 집어 넣은 상태에서 일방적으로 이혼을 결정했다. 이 때문에 조선왕실의 후손들 사이에서는 오늘날까지 그에 대한 증오가 계속되고 있다.

조선에서 잊혀지고, 일본의 남편에게 버림받았던 덕혜옹주.

그때 그녀를 잊지 않은 한 남자가 등장한다. 고종이 독살당하기 직전 덕혜옹주가 일본인과 강제 결혼하는 것을 막기 위해 비밀리에 약혼시키려 했던 일을 기억할 것이다. 그때 덕혜의 남편이 될 뻔한 김장한의 친형인 김을한을 주목하자. 고종의 계획이 성공했다면 덕혜의 시아주버님이 되었을 인물이자, 고종이 가장 신뢰했던 시종 김황진의 조카다. 김을한은 일생을 신문기자로 살았으며, 지금으로부터 15년 전 세상을 떠났다. 김을한이 선택한 인생의 반려자는 고종이 덕혜를 위해 세운 덕수궁의 유치원에서 덕혜와 함께 어린 시절을 보낸 민덕임이었다.

　1950년 1월, 서울신문 도쿄특파원으로 부임한 김을한은 한때 제수씨가 될 뻔했던 덕혜옹주를 찾아 나섰다.

동경에 도착하는 길로 소 백작에게 전화를 했다. 전화번호책을 보고 번호를 안 것은 물론이다. 옹주의 근황을 물으니 '입원중'이라고 하면서 만나볼 필요가 없지 않느냐고 아주 냉담하게 전화를 끊었다. 그 이튿날 영친왕을 뵈었을 때 비로소 덕혜옹주는 영친왕이 매월 1만 원

김을한. 덕혜의 남편이 될 뻔한 김장한의 친형이자, 조국에서 잊혀진 덕혜를 맨 처음 찾아 나선 인물이다.

씩을 내어서 동경 교외의 마쓰자와라는 정신병원에 입원중이라는 것을 알게 되었다.

그길로 나는 동경 시내에서 자동차로 한 시간쯤 가는 그 병원을 찾아갔다. 안내해주는 간호부를 따라갔는데 한 병실 앞에 이르자 간호부의 발이 딱 멈추었다. 그 안을 들여다보니 40여 세의 한 중년부인이 앉아 있는데 창백

한 얼굴에 커다란 눈을 뜨고 이쪽을 바라보는 것이 무서울 지경이었다. 그 부인이 바로 덕혜옹주의 후신인 것이다. 아무도 없는 독방에서 여러 해 동안을 우두커니 앉아 있는 옹주가 어찌나 가엾고 불쌍한지 나도 모르는 사이에 눈물을 흘렸다. 만일 고종황제가 이 광경을 보신다면 얼마나 슬퍼할까? —김을한, 《인간 영친왕》 중

김을한은 한국의 정부관계자들에게 덕혜의 귀국을 위해 힘을 써 줄 것을 요청했다. 그러나 이승만 정부의 반응은 지극히 냉담했다. 스스로 임금이고자 했던 이승만은 고종의 자녀들이 복귀하는 것을 꺼렸다. 고종의 아들딸은 해방이 되어도 귀국할 수가 없었다.

덕혜가 정신병원에 있는 동안 덕혜의 유일한 딸 마사에는 어떻게 되었을까? 일본 중부내륙의 험준한 산 고마가타케(駒ヶ岳)에 마사에가 모습을 드러낸 적이 있다. 마사에가 스물네 살이 되던 해이자 아버지가 어머니를 버린 다음 해였다. 1956년 8월 29일자 〈마이니치신문〉에 실린 기사가 장성한 마사에의 마지막 흔적이다.

기사에 따르면 마사에(24세)는 1956년 고마가타케에서 자살한다는 유서를 남기고 집을 나왔다. 경찰은 마사에의 자살을 막기 위해 수색

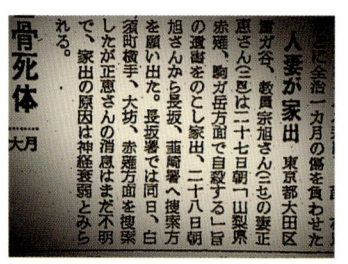

마사에의 실종 기사. 가정부인인 마사에가 신경 쇠약 때문에 가출했다는 내용이다.

작업에 나섰지만 끝내 찾을 수 없었다. 정략결혼의 결과 태어난 덕혜의 딸 마사에는 무슨 이유에서인지 꽃다운 나이에 이 세상으로부터 종적을 감추어버렸다. 덕혜는 단 하나의 딸이 사라진 것도

알지 못한 채 병원생활을 이어가고 있었다.

"우리나라에서 살고 싶어요"

세월은 어느덧 그렇게 15년이 흘러갔다. 한국에서는 쿠데타가 일어나 박정희 의장이 정권을 쥐었다. 쿠데타 직후인 1961년 11월 11일, 박정희 의장이 미국을 방문하는 길에 도쿄에 들르는 것을 알게 된 김을한은 이때를 놓치지 않고 다시 움직였다. 덕혜의 귀국을 간청하기 위해 박정희 의장을 찾아간 것이다. 박정희 의장은 "덕혜옹주란 대체 누구인가요?"라고 물었고, 김을한은 조선 마지막 왕녀의 눈물겨운 처지를 설명했다. 박의장은 처음 듣는 이야기라면서 무릎을 탁 치며 "그거 안 되지. 자유당, 민주당이 다 못해도 나는 해야겠소"라고 약속했다.

서울교육대학교의 안천 교수는 박 대통령이 덕혜옹주의 환국을 즉시 허락한 것은 "영친왕이나 덕혜옹주 같은 조선시대 왕족들을 돕는 일이 자신의 정치적인 입장에 상충되지 않고, 많은 국민들이 원하는 덕혜옹주와 영친왕의 귀국에 손을 들어주면 자신의 인기가 상당히 올라갈 것 등을 의식한" 행동이었다고 설명한다.

그로부터 두 달 후, 마침내 덕혜옹주를 실은 비행기가 김포공항에 내려섰다. 38년 만의 고국이었다.

황제의 딸로서 사랑받던 고국으로 돌아왔지만 덕혜의 의식은 돌

유모 변복동 씨와 덕혜옹주. 변씨는 1972년 80세의 나이로 세상을 뜰 때까지 옹주 곁을 지켰다.

아오지 않았다. 덕혜가 도착하자 덕혜의 옛 유모 변복동 씨가 비행기를 향해 큰 절을 올렸다. 변씨는 그 후 1972년 80세의 나이로 세상을 뜰 때까지 옹주 곁을 지킨다.

귀국한 뒤 7년간의 병원생활 끝에 덕혜는 창덕궁 낙선재로 거처를 옮겼다. 낙선재에서 마지막까지 덕혜옹주를 모신 이는 전주 이씨의 후손인 이공재 씨다.

옹주가 환국하고 10여 년이 지났을 무렵 낙선재로 한 일본인 신사가 찾아왔다. 홀로 찾아온 그 신사는 덕혜옹주의 옛 남편 소 다케유키였다. 그는 옛 아내를 한 번 문안하고 싶다고 입을 열었다. 그러나 고종의 딸과 결혼하고도 끝내 정신병원에 집어넣고 이혼했다는 그를 이공재 씨는 도저히 용서할 수 없었다고 한다. 그래서 문 앞에서 매몰차게 돌려 보낸다. 결국 아내를 만나보지 못한 채 일본으로 돌아간 소 다케유키는 77세의 나이로 1985년에 조상들의 땅 쓰시마에 잠들었다.

1983년 〈KBS〉 취재팀의 카메라에 덕혜의 마지막 모습이 포착되었다. 끝내 의식이 돌아오지 않은 덕혜옹주, 그리고 이날 덕혜가 정신이 맑을 때 썼다는 낙서 한 장이 공개되었다.

나는 낙선재에서 오래오래 살고 싶어요.
전하 비전하, 보고 싶습니다.
대한민국 우리나라.

말년의 소 다케유키의 모습과 그가 잠들어 있는 쓰시마섬 만송원.

1989년 4월 21일. 덕혜는 떠나갔다. 향년 77세였다.

일본은 덕혜를 조선의 민중으로부터 떼어놓고 그녀의 기억을 지우려고 했다. 그러나 해방된 조국은 그녀를 잊지 않았고.

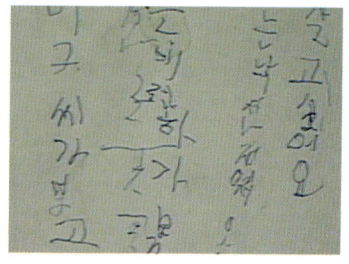

정신이 맑은 날 썼다는 덕혜옹주의 메모.

덕혜옹주는 생의 마지막을 고국에서 마칠 수 있었다. 지금 그녀는 경기도 남양주에 있는 아버지 고종의 무덤 바로 뒤편에 잠들어 있다.

일본으로 끌려갔던 덕혜옹주가 가장 두려워했던 것은 잊혀짐이 아니었을까?

사진으로 보는 덕혜옹주 일대기

1913년, 덕혜옹주 돌사진.

덕수궁 즉조당의 유치원 시절.

당의를 입은 덕혜.

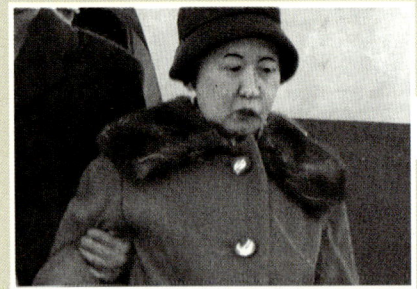
1962년 1월 26일, 38년만에 고국으로 돌아오는 비행기에서 내리는 덕혜.

1972년 덕혜옹주 회갑.

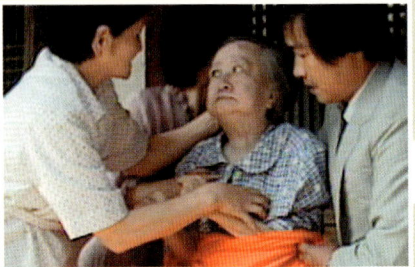
1983년 KBS 취재진의 카메라에 잡힌 생전 마지막 모습.

일본여자학습원 재학 시절, 하카마를 입은 덕혜.

1931년 5월 8일, 스무 살의 나이에 소 다케유키 백작과 결혼식을 올리는 덕혜.

덕혜 나이 열 네살. 일본으로 유학을 떠날 당시 기모노를 입은 모습. 1925년 3월 28일 경성역에서 촬영.

1931년 11월, 결혼식 후 처음으로 쓰시마 시댁을 방문했을 때.

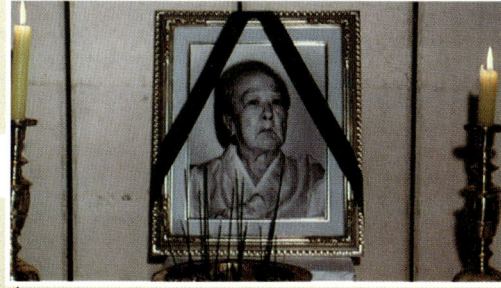

덕혜옹주 영정.

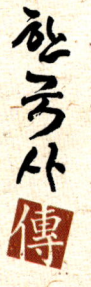

"김옥균 씨가 상해의 호텔에서 함께 동행한 조선인 홍종우에 의해 암살당했음."
—일본 〈유빈호치신문郵便報知新聞〉 1894년 3월

1894년 3월. 상하이에서 김옥균이 암살당했다.
범인은 그와 함께 호텔에 투숙했던 홍종우.
지금까지 홍종우는, 의문의 암살자로 남아 있다.

김옥균을 쏜
최초의 프랑스 유학생
— 홍종우

갑신정변을 일으킨 김옥균을 모르는 사람은 아마 없을 것이다.
반면에 김옥균을 암살한
홍종우(洪鍾宇 · 1854~1913)란 인물은 낯선 이름이다.
홍종우에 대해 알려진 것은
개화파인 김옥균을 살해한 대표적인 수구파라는 정도가 전부다.
홍종우는 입신영달을 위해서 김옥균을 살해한 흉한으로 평가받기도 한다.
특별한 주관도 없이 그저 막무가내로 조선의 개혁을 가로막았다는 것이다.
하지만 홍종우를 이렇게 정의하기엔 석연치 않은 점이 많다.

조선 최초의 프랑스 유학생

도쿄경제대학 도서관에 김옥균의 암살 당시 상황을 알 수 있는 자료가 남아 있다. '김옥균 씨 조난 사건'이란 제목의 그림이다. 오구니 마사시란 화가가 1894년 김옥균의 암살 장면을 그린 것이다. 상하이의 한 호텔에서 홍종우의 기습을 받고 사망하는 김옥균의 모습을 자세히 묘사해놓았다. 이런 그림들은 사진이 보급되지 않았던 상황에서 대중에게 사실을 알리는 새로운 매체 역할을 했다. 또 다른 그림인 〈최신역사〉에도 김옥균과 홍종우의 관계가 비슷하게 묘사되어 있다.

1894년 3월 29일 오전 6시 일본 외무성 착신 자료에 따르면 김옥균을 죽인 지 하루도 안 돼 홍종우는 상하이의 거주지에서 현지 경찰에 체포되어 재판에 붙여졌다. 체포 뒤 상하이현의 장관과 일본, 영국, 미국의 관원들이 직접 홍종우를 심문했다. 청일전쟁사를 기록한 《중동전기中東戰紀》에는 취조 당시의 모습이 묘사돼 있다. 책에 따르면 홍종우는 "김옥균은 대역부도한 놈이오. 사람마다 그를 죽이려 했는

오구니 마사시가 그린 〈김옥균 씨 조난 사건〉. 도쿄경제대학 도서관 소장.

데 이제 나라를 위해 그 역적을 죽였으니 나는 죽어도 좋소"라며 당당하기만 했다.

김옥균의 살해는 외교 관계가 얽힌 민감한 사안이었다. 사건이 일어나자 청나라는 곧바로 조선으로 전보를 보냈고, 조선에서 회답이 왔다.

> 김옥균은 조선의 반역자이고 홍종우는 관원이니 이 사건은 본국에서 우리 임금의 재가를 받는 것이 합당하다.

홍종우는 임금의 재가를 받는 것이 합당하다는 조선정부의 결정에 따라 자신이 직접 김옥균의 시신을 수습해 조선으로 돌아간다. 이것은 김옥균의 암살이 조선정부 입장에서 처형의 의미가 있었다는 뜻이 된다.

한편 일본 언론들은 김옥균의 사망 사건에 촉각을 곤두세워가며 대대적으로 보도했다. 김옥균의 암살 사건을 보도한 일본 신문의 삽화를 보면 김옥균의 관이 양화진에 도착하자마자 그의 시신은 능지처참을 당하는 것으로 묘사되어 있다. 능지처참은 당시 대역 죄인들에게나 내렸던 극형이다.

반면 홍종우에 대해서는 "흉노이며 미개한 한국인"이라고 표현한 대목이 눈에 띈다. 이처럼 일본이 유독

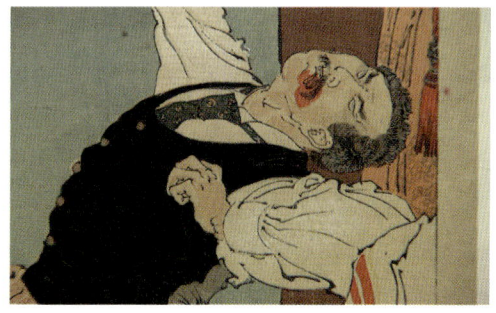

〈최신역사〉에 등장하는 김옥균(아래)과 홍종우의 그림.

홍종우 비판에 열을 올린 이유는 무엇일까? 홍종우는 기사 내용처럼 정말 어리석은 인물이었을까? 그리고 그는 김옥균의 개화사상을 이해하지 못했던 것일까? 홍종우는 과연 어떤 사람이었을까?

놀랍게도 그는 조선 최초의 프랑스 유학생이었다.

레가미와 홍종우의 운명적 만남

120여 년 전 홍종우의 흔적을 따라 파리의 기메 박물관을 찾았다. 기

홍종우가 파리 방문을 기념해 찍은 사진.
기메 박물관 소장.

1894년에 새긴 홍종우의 명함.
기메 박물관 소장.

메 박물관 한국관은 홍종우가 일했던 곳으로 지금도 홍종우의 선명한 자취가 남아 있다. 1894년에 새긴 홍종우의 명함과 당시 방문을 기념해 찍은 사진도 보관되어 있다.

조선의 이방인은 낯선 파리에 어떻게 정착할 수 있었을까? 홍종우가 파리에 도착한 것은 1890년 12월 24일. 기메 박물관에서 만난 피에르 캉봉 한국관 큐레이터는 "파리에 도착했을 당시 아무도 도와줄 사람이 없었던 홍종우는 거리에서 운명처럼 레가미를 만났다"고 설명한다.

프랑스 파리를 방문한 최초의 조선인 유학생 홍종우에 대해 파리의 레가미는 어떤 인상을 받았을까? 레가미는 홍종우와의 첫 만남을 기록으로 남겼다. '정치적 암살자(un assassin politique)'라는 레가미의 글은 1894년 프랑스 아시아 문화 전문지 〈퉁 빠오Toung Pao〉에 실렸다.

그의 머리는 천정까지 와 닿는 것 같았다. 그를 보자 나는 일종의 신비로운 공포감에 사로잡혔다. 그 느낌은 예전 동양에서 본 큰 호랑이가 내게 불러 일으켰던 경외감 같은 것이었다.

홍종우에게서 동양의 호랑이를 봤을 때처럼 강렬한 인상을 받은 레가미는 직접 그의 초상화를 그려서 간직했다. 레가미는 당시 화가이면서 〈르 몽드〉 같은 신문의 삽화를 그리기도 했는데, 한동안 홍종우와 함께 지냈다고 한다.

그런데 홍종우가 프랑스로 떠났을 때 그의 나이가 마흔하나였다. 불혹의 조선인이 만리 타국으로 유학을 떠난 이유는 무엇이었을까? 레가미의 '정치적 암살자'에 그에 대한 답도 나와 있다.

레가미가 그린 홍종우의 초상.

홍종우는 배우려는 욕구가 아주 강하다. 그는 야망이 아주 강해서 자기 나라를 발전시키기 위해 유럽 문명을 흡수하기를 열망한다.

당시 파리는 정치, 경제, 문화의 모든 면에서 '화려한 시대'를 맞고 있었다. 에펠탑이 세워지고 전기도 보급됐다. 조선의 개화를 앞당기기 위해서는 파리와 같은 근대 문명을 먼저 체험해볼 필요가 있었고, 그러기 위해 홍종우는 오랫동안 프랑스 유학을 혼자서 준비했던 것이다. 이진명 파리 리옹대학 교수는 홍종우가 프랑스에 오기 전부터 "1880년대에 편찬된 한불자전을 항상 가지고 다니며 불어공부를 했을 것"이라고 본다.

그러나 홍종우에게 외국 유학이란 쉬운 일이 아니었다. 황현의 《매천야록》에 실려 있는 홍종우에 대한 기록을 보면 그는 경기도 안산의 몰락한 양반 가문에서 태어나 전국을 떠돌다 전라도의 외딴 섬인 고금도에까지 흘러가 살았다. 또 대한제국 〈비서원일기〉는 홍종우가 쑥물도 버리기 어려울 정도로 가난한 생활을 했다고 전한다. 제주도에서 화전민과 함께 살았다는 이야기도 있다.

그렇게 가난했던 그가 유학 여비는 어떻게 마련했을까?

프랑스로 출발하기 전 2년 동안 홍종우는 일본에서 배 삯을 모은다. 국제 정세에 나름의 식견이 있었던 그는 〈아사히신문〉의 식자공으로 취직했다. 이곳에서 국제 신문들을 보며 견문을 더욱 넓혀갔다. 얼마 지나지 않아 홍종우는 일본인들에게 연설을 할 정도의 실력이 됐다. 1890년 〈류빈호치신문〉의 한 기사를 보면 "한국 손님 홍종우 씨를 초대하다. 일본과 한국의 상업 현황에 대해 연설할 예정이다"라는 대목이 나온다.

우여곡절 끝에 여비를 마련한 홍종우는 1890년에 마침내 프랑스로 떠날 수 있었다. 당시는 명문자제들이 관비로 유학을 다녀오는 것이 관례였다. 이와 반대로 모든 걸 스스로 마련한 홍종우는 특이한 경우였다.

19세기 말 파리의 에펠탑 부근.

파리 인사들과 교류하며 한국을 알리다

홍종우가 40여 일이 걸려 도착한 프랑스. 그곳은 놀라웠다. 프랑스는 베트남과 캄보디아, 알제리와 튀니지 등을 식민지로 거느리며, 대국으로서 매우 화려한 시절을 보내고 있었다. 때마침 파리의 문화계에선 아시아 열풍이 일었다. 갓 도착한 조선인 유학생은 프랑스 사람들의 눈길을 끌기에 충분했다.

홍종우는 파리에서 유명 인사들과 교류했다. 당시 외무부장관인 코고르당(F. G. Cogordan)과 실증주의의 대표 사상가인 르낭(Joseph-

〈춘향전〉을 번역한 책 《향기로운 봄》 홍종우·J.H. 로니 번역.

Ernest Renan · 1823~1892)을 비롯해 명사들을 두루 만났다. 이진명 교수는 "당시 프랑스 사람들의 동양에 대한 호기심이 매우 컸고, 홍종우는 이들에게 조선의 지성인으로서 흥미로운 이야기를 해줄 수 있었을 것"이라고 설명한다.

다양한 교류를 하면서 홍종우는 파리의 식자들에게 조선에 대해 알리는 작업도 시작한다.

기메 박물관 고서보관함에서는 홍종우가 번역한 책《춘향전》을 볼 수 있다. 당시 유명한 소설가였던 로니(J. H. Rosny)와 함께 출간한 책이다. 《춘향전》은 인기 소설가와 홍종우가 함께 번역했다는 사실만으로도 화제가 되었는데, 프랑스판 제목은 춘향(春香)을 풀어 쓴 '향기로운 봄'이다. 《향기로운 봄Printemps Parfumé》에서 춘향은 서민의 딸로 나오고 향단이는 등장하지 않는다. 쉽게 이해시키려는 의도에서 약간 각색은 했지만 여전히 해피엔딩이다. 해피엔딩이야말로 춘향전의 매력이었다. 김윤식 서울대학교 명예교수는《춘향전》에서 사랑과 배신은 있지만, 아무도 죽지 않는 해피엔딩에 로니가 매료되었을 것이라고 설명한다.

〈심청전〉을 번역한 책 《마른나무에 꽃이 피다》.

홍종우는《춘향전》을 번역하

면서 로니에게 그 느낌을 전달하고자 판소리 〈춘향가〉를 불러주기도 했다.

홍종우가 프랑스어로 번역, 출간한 《직성행년편람》

홍종우 씨가 감미로운 노래를 들려주었다. 노래와 번역에서 묘한 매력이 느껴졌다. 무한한 부드러움이 담긴 꿈이었다. 마치 오랫동안 백인과 황인종의 문명이 서로 평행선을 이룬 것 같았다.

─〈로니의 한국의 풍속〉중

《향기로운 봄》이 인기를 끌자 《심청전》을 번역한 《마른나무에 꽃이 피다》(1895)와, 《직성행년편람》(1897)도 출간된다. 번역은 홍종우가 기메 박물관에서 일하는 동안 이뤄졌다. 홍종우는 레가미의 소개로 기메 박물관에 취직해 외국인 협력자로 일했다. 당시 박물관의 지출내역서를 보면 홍종우가 받은 급여도 나와 있다. 홍종우는 한 달에 100프랑을 받았고, 1892년 6월 2일엔 몸이 아파 결근을 한 번 한 것으로 되어 있다.

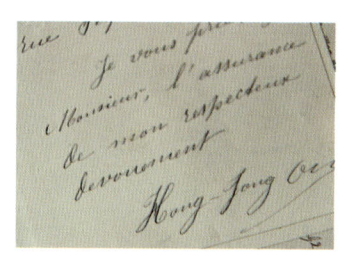

홍종우의 자필 결근계.

기메박물관 지출내역서. 홍종우가 월급으로 100프랑을 받았다고 적혀 있다.

홍종우는 박물관에서 번역 외에 조선에서 들여온 문물을 분류하는 작업도 맡았다. 홍종우는 프랑스에서 더 큰 세상을 만났고, 프랑스는 홍종우를 통해 조선을 만난 것이다.

홍종우는 프랑스 유학 시절 내내 적극적으로 유럽의 문화를 흡수하고 조선의 문화를 전파했다. 새로운 세상에서 홍종우는 어떤 생각을 하며 지냈을까?

한복 입은 파리의 신사

상하이의 호텔에서 김옥균을 향해 방아쇠를 당기던 날. 홍종우는 그때도 한복을 입고 있었다.

홍종우는 파리에서 조선의 한복신사로 통했다. 그는 파리에서 양복을 입지 않았다. 홍종우의 사진에는 서양식 장갑을 들고 있는 모습도 보이지만 기본적으로 한복 차림이었다. 그는 왜 항상 한복을 고집했을까? 그 답을 짐작해볼 수 있는 신문 기사가 있다.

> 도포에 갓을 쓰고 다니는 선비, 조선의 근대화를 바라다.
> 언제나 고종과 대원군의 사진을 품고 다닌다.
>
> —〈르 몽드 일뤼스트레Le Monde Illustré〉 1894년 6월 23일

언제나 도포에 갓을 쓰고 다녔으며 조선의 근대화를 바라던 선비.

홍종우가 근무했던 기메 박물관 한국관.

그리고 더 인상적인 점은 고종과 대원군의 사진을 소중히 품고 다녔다는 것이다. 조재곤 경원대학교 역사철학부 교수는 홍종우가 "서구의 근대성을 조선에 접목시키기 전에 자주성을 확립해야 한다는 신념을 갖고 있었고 그것을 실제 행동으로 보여준, 당시로서는 독특한 인물"이라고 평가했다. 그런 그의 정치적 주관은 《마른 나무에 꽃이 피다》 서문에도 잘 나타나 있다.

> 17세기까지 코리아는 지도상에 하나의 점처럼 표기되어 있다. 이러한 무지의 주된 원인은 우리가 서양 문명과의 접촉을 시도하려는 열의가 적었기 때문이었음을 겸허히 고백한다.

그는 또한 약소국인 조선이 처한 정세도 정확히 파악하고 있었다.

홍종우가 파리의 명사들 앞에서 연설했던 카페 되 마고 외경.

정치적으로 말하자면 나는 코리아의 상황을 발칸 반도와 비교할 것이다. 조선은 강대국에 둘러싸여 있다. 중국과 일본은 우리의 지배권을 놓고 각축을 벌여왔으며 얼마 후면 러시아가 끼어들게 될 것이다.

제국주의 세력의 위협을 정확히 읽어낸 홍종우는 조선의 전통뿐 아니라 군주의 권위도 중요하게 생각했다. 이는 당시 대부분의 개화파들과는 다른 생각이었다. 그리고 그는 조선의 개화를 주장하면서도 서양의 문물만큼이나 동양의 가치 또한 훌륭한 것이라고 여겼다.

홍종우는 프랑스 유학 시절 볼테르와 같은 유럽 사상가들에게 심취하면서도 조선 문화의 자부심을 잃지 않았다.

인디언들이 에스키모인들과 같이 옷을 입지 않는다고 해서 그들을 비난하지 않는다. 그와 마찬가지로 나라마다 각각 다른 정체성을 가지고 있다.

김윤식 교수는 그런 홍종우를 "조선적인 정치이념을 신봉한 사람"이라고 평가한다. 조선의 유교정치 이념을 계속 지니고 또 구현하려 했으며, 조선은 시시한 나라가 아니고 세계 속에서 떳떳한 민족이며 국가라는 것, 이것만은 지키려고 했다는 것이다.

홍종우는 다양한 문화의 존재 가치와 조선의 역사에 대해 파리 사교계에 알린다. 그 시절 카페 되 마고에서는 프랑스 최고의 사교 모임이 자주 열리곤 했다. 어느 날 귀족과 정치인, 소설가와 사상가들이 모이는 이곳에 홍종우도 초대를 받았다. 왕족인 앙리 필립을 중심으로 모인 자리에서 연설을 하게 된 것이다. 홍종우는 연설문을 미리 작성하고 레가미의 도움을 받아 프랑스의 명사들 앞에서 자신의 의견을 피력했다.

> 당신들은 우리 조선의 건국 연대가 기원전 2000년 전으로 거슬러 올라간다는 것을 알지 못합니다.
> 우리 조선은 강대국에 둘러싸여 매우 위험한 상황에 처해 있습니다.
> 저는 유럽 문명을 조속히 받아들이는 것 외에는 방법이 없다고 믿습니다.
> 저는 이 자리에서 여러분의 도움과 충고를 바랍니다.

홍종우의 연설은 사람들의 마음을 움직였다. 오를레앙 왕자는 그 자리에서 직접 기금을 모으기도 했다. 홍종우는 프랑스에서 제국주의의 생리와 조선 개화의 필요성을 깨달아가고 있었다.

그렇게 3년여 동안 19세기의 다양한 국제정세를 익히고 홍종우는 드디어 귀향길에 올랐다. 프랑스의 마르세유에서 출발해서 잠시 일본에 머무르게 되는데, 그때 일본엔 10년째 망명 생활을 하던 김옥균이 있었다. 조선의 개화를 간절히 원했던 김옥균과 홍종우. 그러나 그들의 갈 길은 너무나 달랐다.

일본 극우파의 원조와 손잡은 김옥균

비록 개화파의 수장이었으나 이미 망명자가 되어버린 김옥균. 왜 홍종우는 그를 상하이까지 따라가 암살했던 것일까? 그 불씨는 19세기 중반 이후 북촌에서부터 시작됐다. 북촌 일대는 예로부터 양반 세도가들이 집중 거주해온 곳이다. 이른바 개화파의 거두인 김옥균, 홍영식, 서영범 등도 이 일대에 거주했다. 그곳을 배경으로 새로운 사상과 문물을 논의하고 협의하던 이들이 활동하면서, 결과적으로

북촌 일대를 중심으로 신문물을 논했던 개화파들.

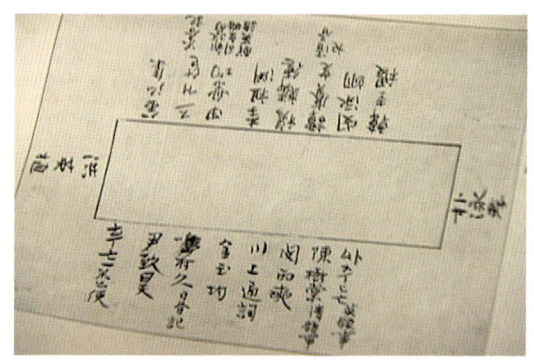

김옥균이 그린 갑신정변 작전도.

북촌 일대는 개화사상의 탄생지가 되었던 것이다.

이들의 열정은 개화파라는 정치계의 신진세력으로 성장했다. 개화파는 지금의 헌법재판소 뒤편에 있는 연암 박지원의 손자 박규수의 사랑방에서 자주 모임을 가지며 훗날 개화당으로 발전한다.

김옥균을 필두로 한 급진 개화파는 무력을 이용해서라도 조선을 시급히 개혁해야 한다고 생각했다. 1884년 12월 4일, 개화파는 일본을 등에 업고 갑신정변을 일으켰다. 그러나 일본군의 후퇴로 3일 만에 막을 내렸다.

갑신정변이 실패한 후 홍영식, 박영효, 서재필, 김옥균의 가족들은 고문으로 옥사하거나 자결했고, 살아남은 정변 가담자는 일본으로 망명했다. 김옥균도 도쿄의 진정사(眞淨寺)를 비롯한 일본 전역을 떠돌게 된다. 갑신정변 후 유명인사가 된 김옥균을 만나기 위해 일본 각지에서 사람들이 모여들었다.

그러나 정작 일본 정부는 김옥균이 달갑지 않았다. 망명자 김옥균은 이용 가치가 없었던 것이다. 일본의 철저한 배신 속에서 변방을 떠돌던 김옥균은 많은 유작을 남겼는데, 그중엔 김옥균의 친필 시도

갑신정변 뒤 일본으로 망명한 김옥균이 머물렀던 도쿄 진정사.

찾아볼 수 있다.

일본정부의 냉대를 받던 김옥균은 도야마 미치루(頭山滿)의 지원 하에 정치적 재기를 도모한다. 일본 극우파의 원조인 도야마 미치루는 낭인들로 구성된 겐요샤(玄洋社)를 창설한 인물로, 김옥균의 망명 생활을 지원하며 가깝게 지냈다. 겐요샤는 훗날 명성황후 시해의 배후가 되는 단체인데 김옥균은 이들의 힘을 빌리고자 했던 것이다. 도야마 미치루의 외손자 다이도 미노루(90) 씨는 어릴 때 할아버지 도야마 미치루가 "조선에는 김옥균이라는 훌륭한 사람이 있단다"라고 항상 이야기했던 것을 지금도 기억하고 있다.

김옥균은 조선과 일본, 그리고 중국이 합세해 유럽과 미국에 대항해야 한다는 삼화주의를 주장하고 있었다. 김옥균은 제2의 갑신정변을 시도하며 자신만의 방식으로 조선의 개화를 여전히 꿈꾸었다.

김옥균의 망명생활을 후원했던 일본 극우파의 원조 도야마 미치루와 김옥균.

홍종우가 김옥균을 암살한 상하이 뚱허양행(동화여관)의 모습. 이곳 2층에서 김옥균이 암살당했다. 1894년 3월 27일 당시 사진.

 1886년 3월 〈아사노신문朝野新聞〉에는 "김옥균이 일본의 폭력배 100명을 이끌고 폭약을 휴대하고 조선에 침입했다는 풍설이 있다"는 내용이 실렸다. 신문은 그런 소문이 돌자 사람들이 심하게 동요했다고 전한다.

 제국주의의 야욕을 파악하고 돌아온 홍종우는 그런 김옥균을 주목했다. 홍종우는 자신이 배웠던 근대 문물이 조선에 적용되기를 바라는 마음을 품고 귀국하는 중이었고, 그 과정에서 일본에 도착했다. 홍종우는 김옥균과는 국가관, 세계관, 인민관, 백성들에 대한 이해방식이 달라 도저히 화합할 수 없다는 것을 알게 됐다. 때마침 김옥균을 용납할 수 없었던 조선정부는 계속해서 일본으로 자객을 보내고 있었다. 홍종우는 그 일을 자신이 맡기로 결심한다.

김옥균에게 접근하는 일은 어렵지 않았다. 조선 최초의 파리 유학생 홍종우는 김옥균에게 매력적인 인물이었다. 홍종우는 직접 프랑스 요리를 만들어 대접하며 김옥균의 환심을 샀다. 홍종우가 오랜 시간을 들여 김옥균에게 접근해나갔지만, 김옥균은 홍종우의 속내를 전혀 짐작하지 못했다.

홍종우는 김옥균을 암살하기 위해서 6연식 리볼버를 구하고, 암살 장소로 청나라의 상하이를 택하게 된다. 당시 일본에는 김옥균의 측근들이 많아서 여러모로 위험부담이 컸기 때문이었다. 19세기의 리볼버는 겉보기엔 허술했지만, 그 화력은 김옥균 한 사람의 목숨을 앗아가기에 충분했다.

서로 다른 방식으로 나라를 걱정한 두 사람

김옥균은 1894년 3월 27일, 홍종우와 함께 상하이에 도착한 뒤 동화로에 있는 여관에 숙소를 정했다.

상하이엔 김옥균과 친분이 있는 윤치호가 있었다. 당시 상황을 기록해놓은 윤치호의 일기에 따르면, 윤치호는 김옥균에게 홍종우가 스파이가 아닌지 의심된다고 말했다. 그러나 김옥균은 그가 스파이일 리가 없다며 윤치호의 말을 귀담아 듣지 않았다고 한다.

다음은 김옥균과 홍종우, 두 사람이 동화여관에 든 후 사건이 일어나기까지의 과정을 전하는 사료들을 시간 순으로 나열한 것이다.

김옥균은 2층 첫 번째 방에 머물렀으며 홍종우는 다른 방을 사용했다. 김옥
균은 홍종우를 전혀 의심하지 않았다. —〈상해신문〉 1894년

김옥균은 방에서 혼자 《자치통감》을 읽고 있었다. —《김옥균전》

오후 4시경 홍종우는 조선 관복으로 갈아입기 시작했다. —《중동전기》

김옥균은 서쪽 창문 쪽에서 잠을 자고 있었다. —〈상해신문〉

홍종우는 총을 꺼내 김옥균을 쏘았다. 선혈이 낭자했다.
여관에 있던 다른 사람들은 누군가가 불꽃놀이를 하는 줄 알았다. 그들이 떼를 지어 가보니 김옥균이 죽어 있었다. —《중동전기》

서로 다른 방식으로 나라를 사랑하고 걱정한 두 젊은이의 마지막 만남이었다.

김옥균의 죽음은 곧바로 동북아 외교의 최대 현안으로 확대됐다. 마침 김옥균을 골칫덩이로 여겼던 일본은 이중적인 태도를 보인다. 〈유빈호치신문〉은 1894년 3월 30일자 사설에 "피와 눈물을 가진 의협심이 있는 자는 이를 보고 참을 수 없다"고 적었다.

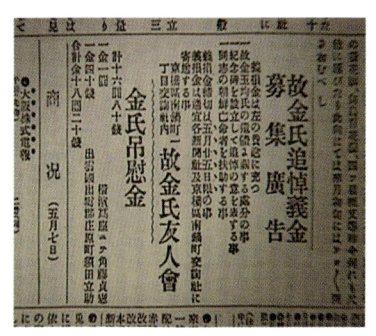

일본 신문에 실렸던 김옥균 추모금 모집광고.

또 김옥균을 애도하는 추모금을 모으기도 했다. 2000명의 각계인사와 전국 82개 신문사 대표가 그들만의 장례식도 치렀다.

김태웅 서울대학교 역사교육과 교수는 "김옥균이 죽자마자 일본 정부는 언론매체를 통해 김옥균의 죽음을 추앙하는 분위기를 만들고 그 여세를 몰아 김옥균의 죽음에 대해 복수하자, 조선과 청국 정부와 싸우자고 대중에게 호소했고, 일본 대중들도 동정심을 보이며 청일 전쟁을 적극 지지했다"고 당시 상황을 설명한다.

이와 반대로 조선정부는 김옥균의 사망을 기뻐했다. 수구파 관료들에겐 김옥균의 죽음만큼 반가운 일이 없었다. 홍종우는 수구파 신료들에게 열렬한 환영을 받았다. 그러나 홍종우는 이들의 환대를 거절했다. 당시 일본 외교문서는 홍종우가 수구관료들의 이익을 위해 김옥균을 죽인 것이 아님을 분명히 밝히고 있다.

> 소생의 뜻은 여러분들 개인의 적을 토멸한 것이 아닙니다. 단지 그는 국가의 공적이기 때문입니다. —1894년 일본 외교 문서

서영희 한국산업기술대학교 교수의 설명대로 "홍종우, 길영수와 같은 왕당파들은 황제권은 보위하되 추구하는 정책의 방향은 근대화"에 있었다. 그런 점에서 "기존의 유교적 가치질서를 유지하려고 했던 위정척사 세력과 추구하는 정책의 방향이 전혀 달랐던" 것이다.

고종은 예정에 없던 과거까지 마련하며 홍종우를 자신의 심복으로 삼았다. 고종의 신임을 얻은 홍종우는 자신의 국가관을 피력하기 시작했다. 국립중앙도서관 고문서실에 있는 홍종우의 1차 상소문에 상

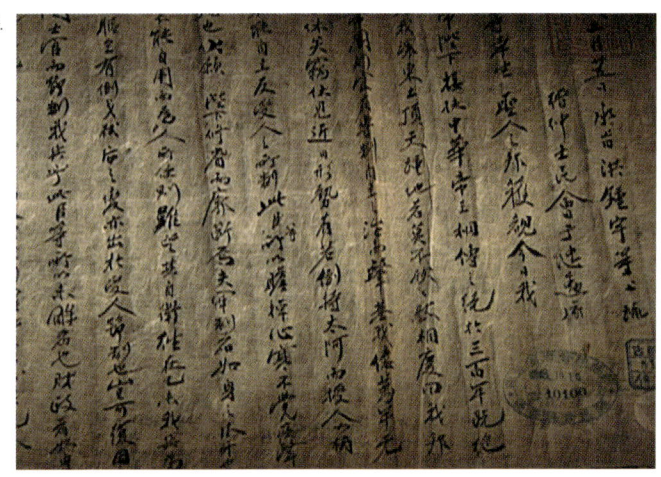

홍종우의 1차 상소문 초본.

세한 내용이 실려 있다. 한마디로 '내정을 닦아 외세의 간섭을 물리쳐야 한다'는 것이 홍종우의 주장이었다. 이태진 서울대학교 국사학과 교수는 "홍종우가 청과 일본을 비롯한 외세가 위협하는 걸 직접 경험한 상황에서 황제 중심으로 국가 기반을 키워야 한다고 판단한 건 백 번이라도 칭찬할 만하다"고 평가한다.

1897년에 드디어 대한제국이 수립되고 고종이 황제에 올랐다. 대한제국의 수립에 상당한 영향력을 발휘한 홍종우도 고종황제의 총애를 받으며 요직에 올랐다. 그 후 대한제국에서 의정부 총무국장, 농상공부 광산국장, 태의경소경, 비서원승, 중추원 의관, 평리원 판사, 평리원 재판

도쿄 아오야마 공원에 있는 김옥균의 묘.

장까지 역임했다.

　요직에 있는 동안 홍종우는 고종황제에게 열한 번에 걸쳐 상소를 올려 외국공사의 내정간섭 반대, 이권침탈 반대, 방곡령 실시, 외국 군대 철수 등을 일관되게 주장했다. 골자는 조선의 이권을 열강들이 빼앗지 못하도록 해야 한다는 것이었다.

　그러나 이처럼 조선의 개화를 간절히 바랐지만 그에겐 분명 한계도 있었다. 홍종우는 사람들을 설득하지 못했을 뿐 아니라 '김옥균의 살해범'이라는 꼬리표 때문에 정치적인 입지도 넓힐 수 없었다.

　이런 홍종우의 운명은 대한제국과 같이하게 된다. 그가 김옥균을 용납할 수 없었듯이 일본이 강점한 시대도 홍종우를 용납할 수 없었던 것이다.

엇갈린 두 사람의 평가

도쿄의 아오야마 공원에 김옥균의 묘가 있다. 시신이 없어 머리카락만 매장했다. 김옥균은 사후 일본에 의해 영웅적인 인물로 추대된다. 고균(古筠) 기념사업회도 설립되었다. 뿐만 아니라 그의 일생은 소설과 희곡 등으로 꾸준히 출간돼왔다. 전부 제국주의를 포장하기 위한 선전물이었다.

　1941년 〈조광朝光〉에는 "대동아 건설의 근본이념을 벌써 50년 전에 절규하였다"는 내용이 실려 있다. 일본이 대동아전쟁을 일으키는 구

김옥균은 사후 일본에 의해 영웅적인 인물로 추대된다. 고균(古筠) 기념사업회가 개최한 김옥균 추모회.

실로도 김옥균의 죽음을 이용했음을 알 수 있는 대목이다. 또 "고균 김옥균 선생의 삼화주의 정신은 이번 성전의 대사명(大使命)과 일치한다"는 내용도 보인다.

김옥균의 일생을 묘사한 책. 일본 제국주의를 포장하기 위한 선전물로 이용되었다.

이처럼 김옥균이 위인으로 떠오를수록 홍종우는 반대로 역사의 파렴치한이 되어갔다. 홍종우에 대한 평가는 김옥균에 대한 일제 강점기의 소설, 논설, 역사적 평가에 대비해 부정적 인물로 묘사되었다 해도 과언이 아니다. 김옥균과 홍종우는 빛과 그늘의 관계였던 것이다. 김옥균이 추앙받을수록 홍종우는 근대문명의 선각자를 죽인 잔인한 암살자, 살해자가 될 수밖에 없었다.

1903년 친일세력이 본격적으로 등장하자 홍종우는 제주 목사로 좌천된다. 그러나 실패한 개혁가 홍종우에겐 제주도민 역시 등을 돌렸

제주 목사 시절 홍종우.

다. 김찬흡 북제주문화원 원장은 홍종우가 "영은정이란 건물을 지으면서 그곳에 있던 울창한 소나무를 베고, 여자들이 빨래하는 것이 길에서 보인다고 금지시켜서 부녀자들의 원성이 자자했다"는 일화를 전한다.

그로부터 2년 뒤 일본이 약진하면서 홍종우는 제주 목사직에서마저 쫓겨났다. 그 후 1913년 사망했다는 기록만 있을 뿐 그의 종적은 더 이상 확인되는 게 없다.

홍종우의 길 vs 김옥균의 길

19세기 말 홍종우에겐 조선을 위한 한 가지 목표가 있었다. 홍종우는 그 뜻을 이루기 위해 자신의 삶을 개척했지만 결국 수구파라는 존재로만 남게 됐다.

이태진 교수는 개화주의자들 가운데 많은 사람들이 부당하게 수구파로 몰려 있는데, 홍종우가 그 대표적인 경우라고 설명했다. 홍종우는 서양문명의 본질을 파악하기 위해 제 발로 프랑스 파리를 찾아간 사람인데 어떻게 수구파라고 할 수 있느냐는 것이다.

그가 살았던 시대만큼 그에 대한 역사의 평가도 가혹했다.

조선 말, 격동의 시기에 치열한 삶을 살았던 홍종우와 김옥균. 그들은 같은 문을 열고자 했지만 불행히도 그 문을 향한 길은 서로 달랐다. 조선말 개화사상은 일부 지식인의 전유물이 아니었다. 이제는 개화파 대 수구파라는 단순한 흑백논리에서 벗어나, 또 다른 방식으로 시대를 함께 고민했던 인물들도 있었음을 알아야 하지 않을까. 역사를 이해하는 새로운 시선을, 그들은 기다리고 있다.

조선의 국경에서 2000여 리 떨어진 흑룡강.
1658년 음력 6월 10일, 이곳에서 대규모 전투가 벌어졌다.
조선과 청나라 연합군과 러시아군이 격돌한 것이다.
이는 당시 러시아의 아시아 진출을 결정 짓는 국제전이었다.
바로 이 전쟁에 조선의 조총병 200명이 참전했다.
이들은 조선-청나라 연합군의 결정적 승리를 이끌었다.
그리고 조선의 러시아 정벌, 그 현장에 조선의 명장 신유가 있었다.

조선 장수의
흑룡강 승전보
— 신유

나선(羅禪)은 조선시대에 러시아를 지칭하던 말이다.
그런데 이 러시아를 정벌하기 위해 출병했던 조선의 군대가 있었다.
이른바 나선정벌이다.
이 장의 주인공은 잘 알려져 있지 않았던 조선의 러시아 정벌,
그 대장정에 나섰던 효종 대의 장수 신유(申瀏)다.
신유는 청나라의 지원병 요청을 받고,
나선을 정벌하기 위해 함경도 회령에서 머나먼 흑룡강(黑龍江)까지 출병한다.
어디서 누구와 싸우는지도 모르는 상태에서 감행된 출병.
그것은 출발부터가 이미 전쟁이었다.

원치 않았던 출병

계명대학교 고문헌실에는 조선 중기 신유 장군이 남긴 일기가 한 권 보관되어 있다. 《북정록北征錄》은 당시 전투 상황을 기록한 참전 일기다.

  이야기는 1658년 4월 6일, 회령에서 군병을 검열하는 것으로 시작된다. 신유는 1658년 4월부터 그해 8월까지 약 4개월간 흑룡강으로 출전했다. 신유 장군이 처음 군병을 검열했던 두만강변의 함경도 회령은 조선시대 북방의 군사 요충지로, 두만강을 사이에 두고 중국과 접해 있다.

  지금으로부터 약 350년 전인 1658년 음력 5월 1일에서 2일 사이, 조선의 신유 장군은 조선인 병사들을 이끌고 두만강을 건너 영고

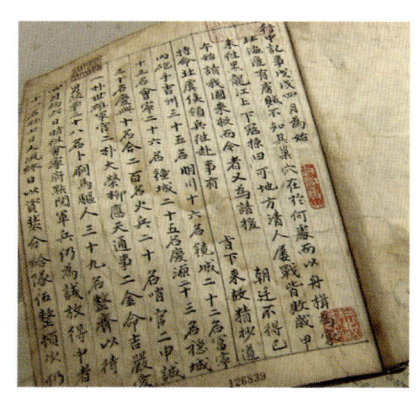

신유의 《북정록》. 인쇄본이 아닌 신유의 친필 그대로다.

두만강을 사이에 두고 중국과 접해 있는 회령시.

탑, 지금의 흑룡강성(黑龍江省)으로 향했다. 청나라의 사신이 요청한 날보다 조금 늦게 도착하는 바람에 시간이 촉박했다. 군병을 검열한 신유는 회령에서 한 달 여를 기다렸다. 당시 신유는 함경도 북병영의 부사령관 격인 병마우후(兵馬虞侯)였고, 신유가 거느린 병력은 조총병 200명을 포함해 모두 265명이었다.

그런데 뒤늦게 나타난 청나라 통역관 이몽선은 막무가내로 즉시 출병을 요구했다.

이몽선: 날짜가 촉박하니 내일 당장 두만강을 건너야 하오.

신유: 군량미와 물품을 빠짐없이 챙기려면 내일 당장은 불가하오.

이몽선: 대장군의 명령을 거부하겠다는 게요?

신유: 통관도 사정을 보지 않았소? 내일 당장 도강은 어렵소.

이몽선: 허면, 물품은 남겨두고 군사들이라도 도강시켜 강변에 야영을 시키시오.

청나라 측의 일정에 맞추기 위해 조선군의 출병은 느닷없이 이루어졌다. 두만강을 건넌 신유의 조선군은 연길을 지나 영고탑으로 향했다. 신유는 《북정록》에 원정 과정도 꼼꼼하게 기록해두었다. 길림성(吉林省)에서 흑룡강성으로 넘어가는 옛 고갯길인 백자령에 대해 "60여 리나 늘어선 잣나무와 노송나무가 하늘을 가려 해를 볼 수 없었다"고 묘사한 대목도 있다.

원정길은 강행군이었다.

5월 4일, 하루 종일 빗속을 뚫고 행군하였는지라 길이 질어 인마가 흙탕물에 빠지고 군수품은 비에 젖어 말이 아니었다.

청나라 측의 재촉에 조선군은 빗길 야간행군도 감행해야 했다. 사고도 잇따랐다.

5월 8일, 이날 말 한 필이 쓰러져 숨을 거두었다.

신유가 출병할 당시 청나라군의 주둔지였던 지우지아 마을.

청나라가 주둔했던 옛 성터에 남아 있는 비석. 청나라 정부는 영고탑을 기지로 흑룡강과 송화강 일대에서 침략을 일삼던 러시아 토비들을 물리치기 위해 여러 번 파병했다.

두만강을 건넌 지 7일간의 긴 강행군 끝에 마침내 신유의 부대는 청나라군과 만나기로 한 곳에 도착했다. 흑룡강성 하이린시(海林市) 지우지아(旧街) 마을이었다. 지금은 조선족들이 몇 가구 살고 있는 지우지아 마을은 당시 청나라군의 주둔지였다. 청나라군은 그곳에 만주 지역 일대를 관할하던 사령부를 두고 있었다. 거기서 신유의 조선군은 청나라군과 만났다.

그런데 청나라군은 조선군을 북쪽 성문 밖에 대기하게 하고 성 안에는 들여놓지도 않았다. 다음 날인 5월 9일, 청나라 측은 신유 혼자만 성 안에 있던 군막으로 불러들였다. 당시 청군 지휘관은 그 지역 출신의 사이호달(沙爾虎達)이라는 장수였다. 그는 200명의 조선군을 청나라 장수 8명에게 24명씩 배속시켜버렸다. 신유는 도착하자마자 지휘권을 박탈당한 셈이다.

조청 연합군은 목단강(牧丹江)을 따라 배를 타고 다시 북쪽으로 이동했다. 배는 작고 실은 짐은 무거웠다. 또다시 사고가 발생했다. 5월 13일자 《북정록》을 보면 "통나무배가 여울목을 지나다가 돌에 부딪혀 뒤집히는 바람에 배에 실은 짐을 몽땅 잃어버렸으나 조총만은 간신히 건져냈다"는 대목이 나온다.

두만강을 건넌 지 보름여 만에 조선군은 의란(依蘭)에 도착했다. 의란은 목단강과 송화강이 합류하는 곳으로, 신유 부대는 그곳에서 청나라 전함을 기다리며 전투준비를 하고 있었다. 그때 송화강변에서 강물을 내려다보며 신유는 원치 않았던 원정길에 대한 감회를 읊었다.

> 두 강이 합류하여 잔잔한 물결은 망망한 대해와 같고, 멀리 고국을 떠난 회포와 어버이 생각에 참으로 뜨거운 눈물을 금할 수 없다.

흑룡강에서 격돌한 러시아와 청나라

신유와 군사들의 출병 계기는 그보다 4년 전인 효종 5년(1654) 2월 2일로 거슬러 올라간다. 당시 청나라 사신이 찾아와 조선군의 파병을 요청하던 날, 조정의 모습을 들여다 보자.

> 사신: 조선의 조총수 일백 인을 뽑아 회령부를 경유, 3월 10일까지 영고탑에 도착하도록 해주십시오.

러시아를 상징하는 성 바실리 사원. 16세기 말 본격적인 시베리아 진출에 나서면서 건립되었다.

효종: 우리 조선 군사를 어디다 쓰려고 그러시오?

사신: 나선을 정벌할 것이옵니다.

효종: 나선? 나선이 어디인고?

사신: 영고탑 근처에 별종이 있는데 이들이 나선입니다.

조선 조정은 나선정벌을 위한 파병을 결정했다.

신유는 출정 명령이 떨어지자마자 조총수를 보내달라는 중국 사신의 요구에 따라 함경도 각 지역에서 포수들을 모집한다. 회령, 경성

흑룡강을 사이에 두고 접해 있는 러시아의 블라고베시첸스크.

등지에서 200여 명의 포수들을 가려 뽑고 초관과 군관 등으로 265명의 부대를 편성했다. 265명 가운데 200명이 포수, 즉 조총병이었다. 이처럼 중국이 나선 정벌을 위해 조총병을 요청한 이유는 무엇일까? 그것을 알려면 먼저 적이었던 러시아의 상황을 파악해야 한다.

15세기 몽고의 지배를 벗어나 새로운 모색을 꾀하던 러시아는 16세기 말 본격적인 시베리아 진출에 나섰다. 러시아를 상징하는 성 바실리 사원도 당시에 건립되었다. 러시아는 동쪽으로 강줄기를 따라 광활한 미개척지 시베리아로 진출했다. 거미줄처럼 뻗어 있는 시베리아 수로는 러시아의 극동 진출에 좋은 조건을 제공했다.

17세기 중반에 마침내 러시아는 중국과의 접경지인 아무르 강, 즉 흑룡강까지 진출했다. 모스크바에서 시베리아를 관통하여 흑룡강까지 도착하는 데 고작 60년밖에 걸리지 않았다. 지금도 이곳에는 중국과 러시아의 도시가 흑룡강을 사이에 두고 마주보고 있다.

시베리아 상공에서 본 수로.

지금은 평화롭기 그지없는 흑룡강변이지만, 350여 년 전에는 중국과 러시아의 치열한 격전지였다. 오랫동안 허저족(赫哲族), 왈가족(日可族) 등 원주민들의 터전이었던 흑룡강성 통장시(同江市)도 1650년대 러시아군의 침략을 받고 지배를 당했다. 러시아군에 의한 대량학살과 수탈이 이어지자 원주민들은 청나라 조정에 구원을 요청했다. 이에 청이 군대를 파견, 러시아군과 접전이 벌어지게 된 것이었다.

허저족 박물관. 중국 흑룡강성 통장시.

강에 의지하여 살던 이곳 원주민들은 배를 다루는 데 능숙했다. 통장시에 있는 허저족 박물관에는 당시 허저족의 삶을 파악할 수 있는 유물과 사료가 많이 남아 있다. 황여우 푸 중앙민족대학 교수의 설명에 따르면 허저족은 여러 가지

허저족 박물관에 남아 있는 원주민들이 타던 배와 물고기 가죽으로 만든 옷, 신발.

종류의 배를 만들 수 있었는데, 조선 원군이 탔던 배가 바로 허저족이 만든 배였다고 한다.

또 다른 왈가족 원주민들은 조청연합군에게 러시아군의 동태를 제보하기도 했다. 5월 14일자 《북정록》에 보면 "적의 무리들이 이미 흑룡강 입구에 도착했으니 이달 안으로 마주치게 될 것이라고 했다"는 대목이 나온다.

코자크족을 앞세운 러시아의 흑룡강 진출

러시아가 흑룡강까지 진출한 이유는 무엇일까? 아무르지역박물관에서 그 이유를 엿볼 수 있다. 그것은 모피 때문이었다. 당시 러시아는 국가 재정의 10분의 1을 모피에 의존하고 있었다. 블라지미르 아벨렌체프 아무르지역박물관 선임연구원의 설명에 따르면 17세기 러시아는 모피를 통해 국고를 채우는 일이 매우 중요했다. 시베리아로 간

아무르지역박물관.

사람들은 반드시 모피를 가져와 국가에 바쳤다. 당시 시베리아는 모피왕국이었고, 모피는 국제사회에서 러시아가 은이나 여러 가지 물품, 무기를 구입할 때 통화로서 가치가 있었던 것이다. 그런 의미에서 시베리아 진출은 재정 증대를 위한 러시아의 국가적 숙원 사업이었다. 러시아는 점령지마다 진지를 세우고 군대를 주둔시키면서 시베리아 지역을 장악해갔다.

러시아 시베리아의 진출 선봉에 섰던 특별한 부족이 있었다. 바로 코자크족이다. 이들은 무기상인이자 약탈자였는데, 사납고 용맹한 부족으로 악명 높았다. 러시아 정부는 코자크를 시베리아 진출에 앞장세웠다. 코자크족이 개척한 지역을 러시아는 자신들의 영향권으로 편입시켜나갔고, 마침내 흑룡강까지 진출한 것이다.

블라지미르 아벨렌체프 연구원은 코자크족이 '전문적인 전사들'이

시베리아 진출의 선봉에 섰던 코자크족. 사납고 용맹한 부족으로 악명 높았다.

라고 표현한다. 그들은 세 살 때부터 말을 타기 시작하고 그 다음엔 전투에 임했다. 코자크는 계속해서 국가의 영향력이 아직 미치지 않고 있는 곳으로 이동하다 결국 태평양 연안까지 이르게 되었다.

신유의 조선군은 바로 러시아가 동원한 코자크족과의 전투를 앞두고 있었던 것이다.

원래 코자크 부족은 남부 러시아, 우크라이나 지방에 근거를 두고 있었다. 이들은 당대 최강 오스만투르크 군을 격퇴시키고, 또 다른 강자였던 폴란드군에 맞설 만큼 강했다. 그런 코자크족이 바로 신유의 조선군이 대적해야 할 상대였다.

조선군이 참전하기 전까지 청나라는 러시아군에 연전연패하고 있었다. 화력의 열세 때문이었다. 진지 안에서 사격으로 대응하는 러시아군에 청군은 속수무책이었다. 1652년 4월 30일에는 진지를 공격하

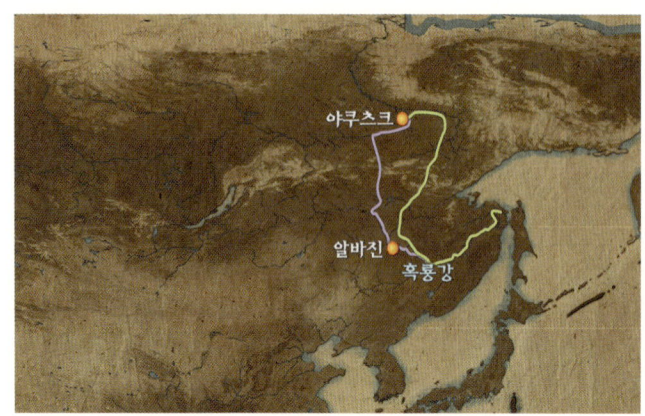
코자크족의 흑룡강 진출 지도.

던 청나라군 1500명이 200명의 러시아군에 참패, 700여 명의 전사자를 남기기도 했다.

> 적선 선봉 11척이 막 흑룡강 하류에 도착했다고 한다. 나머지 11척이 계속 뒤따라 올라오고 있다고 한다. 적들은 결전을 불사하며 사격술이 절묘하여 청나라 군대가 크게 패하여 사망자 수가 부지기수였다. —《북정록》

코자크족이 두려워한 '대두인'

그렇게 연전연패하던 청나라 군이 딱 한 번 승전고를 울린 적이 있었다. 1654년 조선군이 1차 나선정벌에 참전한 흑룡강성 의란시 전투 때였다. 승리의 원동력은 역시 조선군의 화력이었다. 알렉세이 파스투호프 러시아아카데미 극동연구소 연구원은 "함경도지방에 주

러시아군의 요새 모형.

둔하고 있던 조선군이 빠르고 정확한 사격술을 가지고 있다는 걸 알고, 사이호달은 조선군이 충분히 만주군을 대신할 수 있다고 믿었다"고 설명했다. 사이호달에게 조총군이 어느 나라 군대인지는 중요하지 않았다. 중요한 것은 총을 쏠 줄 아는 병사가 필요하다는 사실이었다.

당시 조선의 1차 참전 자료가 17세기 러시아의 중국 관계 사료집에도 남아 있다.

> 그들은(청군과 조선군) 대포와 총으로 공격했다. 우리의 선박에 대포를 쏘고 앞이 파인 언덕에 발포대를 세워 공격했다. —러시아군 보고서 제75호

강변에서 접전이 벌어지자, 조선군은 버드나무 목책을 세우고 그 앞에 방어용 구덩이를 파서 총격전을 벌였다. 화력에는 화력으로 대

응한 것이다.

조선 조총병의 우수성은 《북정록》에도 전한다. 《북정록》에 보면 출병 당시 청나라 통관들이 와서 조총시방을 요구했던 에피소드가 등장하는데, "길이 한 발 남짓에 너비 3치 정도의 팻말을 세우고 조총병 한 사람이 세 발씩 쐈다." 60보 거리에서 폭 10센티미터의 표적을 맞추는 사격이었다. 조총술 시범에서 조선군은 압도적 우위를 보였다. 조총시방 결과, 200명의 조선군 중에서 한 발 이상 맞힌 군사는 123명, 100명의 청군 중에서는 불과 몇 명만 표적을 맞혔을 뿐이었다고 《북정록》은 기록하고 있다.

멀리 낯선 흑룡강에서 조선군이 만났던 코자크족은 영화 〈대장부리바〉의 소재로 등장할 정도로 용맹스럽고 강력한 부족이었다. 그런데 이 강력한 코자크족도 두려워했던 상대가 있었다. 바로 대두인(大頭人)이었다. 신유는 현장에서 코자크족이 대두인을 두려워한다는 말을 전해들었다. 그렇다면 코자크군이 말했던 대두인, 즉 머리가 큰 사람들은 누구였을까?

전립.

바로 전립을 썼던 조선군이었다. 멀리서 보면 전립을 쓴 조선군이 영락없이 머리 큰 사람으로 보였을 것이다. 러시아군은 전립을 쓰고 백발백중의 사격술을 구사하던 이 정체불명의 조선군을 두려워했던 것이다.

헤이룽강변의 조선군 200전사는 어떻게 강력한 러시아군을 무찔렀을까? 그날의 치열했던 전투 현장을 따라가 보자.

신유와 조선군의 흑룡강 승전보

회령을 떠난 지 한 달여 만에 신유의 조선군은 현재 중국 최북단인 흑룡강성 퉁장시에 도착했다. 그곳은 중국의 국도가 시작되는 기점 도시로 시내 한복판에 이를 알리는 탑이 높이 솟아 있다. 퉁장시는 또한 송화강과 흑룡강이 합쳐지는 합수 지점이다. 흑룡강이란 이름은 송화강과 합류하는 강의 물빛이 검은 색을 띤다고 해서 '검은 용'이라는 뜻으로 붙여졌다고 한다.

퉁장시의 탑.

전투가 벌어졌던 6월 10일, 아침 일찍 출항한 조청 연합함대가 그곳에 도착했다. 그때 러시아 군은 흑룡강을 거슬러 올라오는 중이었다. 흑룡강 입구에서 20여 리를 내려간 곳에서 마침내 조청연합군은 러시아군을 발견했다

신유는 이곳에서 러시아군을 처음 만났다. 난생 처음 보는 서양인이었다. 신유는 그날 일기에 러시아군이 타고 있는 배 모양이 우리나라 전선을 닮았고, 단청은 화려하고 만듦새는 아주 견고했다고 적었다.

《북정록》의 기록을 토대로 그날의 전투 상황을 정리해보자.

조선군을 발견한 적선은 곧 돛대를 세우고 10여 리를 더 후퇴했다. 이윽고 후퇴하던 적선들은 강기슭에서 배를 돌려 대형을 갖추고 전투태세에 들어갔다. 신유의 조선군이 탄 전선은 번갈아 들락거리며

흑룡강.

적선과의 거리를 좁혀나갔다. 전투는 포격전으로 시작됐다. 조청 연합군이 일제히 대포를 쏘며 공격을 개시하자 적선도 대포로 응수했다. 한동안 공방전이 치열했다.

그러나 포격전은 서로 큰 전과를 올리지 못했다. 러시아군의 전함이 견고하여 조선군의 포격에도 아무런 타격을 입지 않았던 것이다.

이에 청나라군은 전략을 바꿔 러시아 배에 가까이 접근한 뒤 사격수를 이용한 전투를 펼친다. 모든 전선이 동시에 쳐들어가고, 갑판에 전진배치된 조선의 조총수들은 적병이 숨 쉴 틈도 없이 총탄과 화살을 쏘아댔다. 결국 배 위에서 총을 쏘던 적병들은 견디지 못하고 모두 배 안으로 들어가 숨어버렸다.

황여우푸 교수는 이날 전투에서 조선 군대의 조총수들이 러시아 군대를 제압하는 데 결정적인 역할을 했다고 설명한다. 조선군의 높은 사격 수준에 깜짝 놀란 러시아군 병사들이 배 밑으로 도망치자, 전투는 청나라에 매우 유리해지기 시작했다.

다음은 《북정록》에서 적군의 배 안으로 숨어든 후 조청연합군이 승리를 거두기까지 전투 내용을 묘사한 대목이다.

우리 전선들이 적선을 포위했다.

갈고리를 던져 적선을 끌어당긴 다음 조총수들이 넘어가 불을 지르려 했다.

배 안으로 숨어버린 적병들을 한꺼번에 소탕할 작정이었다.

전세는 기울기 시작했다.

우리는 승기를 잡았다.

이때 러시아군 한 무리가 도망치기 시작했다.

내가 탄 배가 제일 앞에서 추격했다.

뒤이어 백병전이 벌어졌다.

여기서 적병 40여 명을 모두 죽였다.

전투가 끝날 즈음, 사이호달이 이상한 명령을 내렸다.

"적선을 불태우지 말라."

만약 여세를 몰아 적선을 불태웠더라면 적병 중에 살아남은 자는 단 한 사람도 없었을 것이다.

청나라 대장이 이런 명령을 내린 것은 적선에 실린 모피가 탐이 났기 때문이다.

적선으로 건너갔던 조선군 조총병들이 다시 배로 돌아오고 있었다

그 순간, 배 안에 숨어 있던 적병이 연속사격을 가해왔다

우리 조선군 일곱 명이 그 자리에서 전사했다

부상자 한 명은 다음 날 숨을 거뒀다.

적선들을 불태웠더라면 우리의 희생이 없었을 텐데, 사이호달이 재물을 탐

내어 무모한 명령을 내린 것은 참으로 유감스러운 일이었다.

사태가 위급해지자 급히 화전을 쏘았다. 적선 7척을 모조리 불태웠다.

적병 중에는 강물로 뛰어 내리는 자도 있었다.

11척의 적선 중에서 네 척만 남았다.

타다 남은 적의 배 안에는 타죽은 적병의 시체가 즐비했다.

살아남은 적병들은 강으로 뛰어들어 숲속으로 도망쳤다.

밤이 깊은 후 적선 한 척이 우리 포위망을 뚫고 도망쳤다.

흑룡강 한가운데 설치된 중국과 러시아의 국경 표지판. 당시는 치열한 접전지였다.

러시아측 기록에도 당시의 전황이 잘 남아 있다. 17세기 러시아의 중국 관계 사료집(제103호)을 보면 이 전투에서 러시아군 대장인 오노프레이코가 전사했고, 220명의 사망자와 77명의 부상자가 발생했으며, 95명이 탈출했다고 기록되어 있다.

이렇게 흑룡상변에서 벌어진 나선과의 전투는 조청 연합군의 완승으로 끝이 났다.

효종과 조선의 딜레마

조선 조총병의 탁월한 활약으로 대승을 거둔 나선정벌이라는 국제전이 벌어진 것은 17대 임금 효종 때 일이다. 모두가 알다시피 효종은 북벌론자였다. 병자호란 이후 청나라에 볼모로 잡혀갔던 경험이 있는 효종은 왕위에 오르자마자 강력한 북벌정책을 추진했다. 즉 청나라를 공격해 복수를 하겠다는 투지를 불태웠던 것이다.

그런데 아이러니하게도 효종이 조선군을 파병하기로 결정한 나선정벌은 청나라를 돕기 위한 것이었다. 청나라를 치기 위해 키웠던 군사력을 오히려 청나라를 돕는 데 쓴 것이다. 효종으로서는 뼈아픈 선택이었을 것이다.

효종이 군대를 파견할 수밖에 없었던 이유는 병자호란 이후 청과 맺은 조약 때문이었다. 병자호란에서 청나라에 항복한 조선은 이른바 정축화약(丁丑和約)을 맺었는데, 그 5조에 보면 "명나라를 정벌하기 위해 그대 나라의 군병을 요구할 때 기한 내에 보내도록 하라"고 나와 있다. 청나라가 원할 때 언제든지 조선군을 보내도록 되어 있었던 것이다.

병자호란 때 청나라에 인질로 잡혀간 경험이 있는 효종은 청나라를 치는 북벌을 위해 군비증강에 매달렸다. 김종수 군산대학교 사학과 교수는 효종이 북벌을 일생일대의 과업으로 여겼다고 설명한다. "아침에 일어나서 저녁에 잘 때까지 효종의 뇌리 속에는 북벌밖에 없었"고, 그래서 "모든 국가 시스템을 북벌을 위한 군사력 강화, 군인 양성과 무기 강화, 그리고 성과 각 진지를 보수해 군사국가 체제로 전환하는 데 역점을 두었다"는 것이다.

효종은 특히 조총병 양성에 힘썼다. 1655년에는 하멜을 훈련도감에 배치해서 조총을 만들고 개선하는 데 많은 노력을 기울였다. 훈련도감의 중앙군을 중심으로 조총병을 키운 다음에는 지방군까지 조총으로 무장시켜나갔다. 지방군을 훈련시키기 위해 중앙의 훈련도감 같은 군사들과 성능 좋은 조총들을 지방에 끊임없이 내려 보내서 조총사격술을 가르쳤다. 그만큼 효종의 북벌 의지는 강했다.

훈련도감터.

신유는 그렇게 북벌을 위해 양성한 군대를 이끌고 출병했다. 출병과 전투 과정에서 숱한 수모를 당했을 뿐 아니라 작전권을 빼앗기고 어이없이 부하들을 희생해야 했다. 전투 뒤처리 과정에서도 굴욕을 맛보아야 했다. 더구나 사이호달은 병자호란 당시 부사령관으로 조선을 침공했던 원수였다. 그런 사이호달의 탐욕으로 조선군이 어이없이 희생당했던 것이다. 이처럼 효종 대의 나선정벌에는 약소국의 왕과 장수가 감당해야 했던 비애도 함께 담겨 있다.

신유는 《북정록》에 전사자 일곱 명의 고향과 이름을 낱낱이 적어두었다.

전투가 끝난 다음 날, 사이호달은 전사한 조선 병사를 화장하라고 했다. 나는 우리 풍속에는 화장이 없으니 우리 풍습대로 매장하겠다고 했다.
흑룡강변 높은 언덕에 자리를 잡아 일곱 명을 같은 고향끼리 묻어주었다.
멀리 남의 나라에 와서 모래 속에 뼈를 묻으니 참으로 가엾고 불쌍한 마음 이를 데가 없구나.

약소국 장군의 비애

전투는 끝이 났다. 그러나 또 다른 전쟁 아닌 전쟁이 기다리고 있었다.

6월 25일, 통역관이 사이호달의 전갈을 가지고 신유 부대를 찾았다.

> 통역관: 대장군의 전갈이오. 도적들이 아직 남아 있으니 조선군은 돌아갈 수 없다 하오.
> 신유: 이미 적은 전멸했거늘 어디에 도적이 있단 말이오?
> 통역관: 따지려거든 대장군께 따지시오. 조선군은 이곳에 계속 머물다가 9월초에 돌아가란 전갈이오.

사이호달은 조선군의 철수를 허락하지 않았다. 신유가 군량이 없어 돌아가야 한다고 하자 청나라 측은 회령에서 군량을 싣고 오라고 했다. 조선 후기 국정을 총괄하던 비변사의 문서인 《등록유초》에는 나선정벌 때 파병에 필요한 물자를 어떻게 조달할지가 기록되어 있는데, 출병하는 조선군의 식량은 조선군이 직접 가져가야 하는 것으로 되어 있다. 조선군은 대략 계산해서 3개월치 식량을 가져갔다. 군량 문제는 출발부터 신유의 고민거리였다.

계속 주둔하라는 청나라 측의 뜻하지 않은 전갈을 듣고 신유는 그날 밤 "가슴이 미어지는 듯하였다"고 적었다.

청나라군에게 식량을 빌리는 수밖에 다른 방법이 없었다.

신유: 대장군, 귀국이 우리 군사에게 군량미를 지급하여 멀리서 군량을 싣고 오는 폐단을 없애준다면 그 은혜 참으로 클 것이오.

사이호달: 귀국에서 군량미를 실어오는 것은 이미 결정된 일 아닌가?

신유: 하오면 40일치만 군량을 꾸어준다면 가을에 본국에서 갖다 갚을 것이니 피차 손해가 없지 않겠소이까?

사이호달: 험, 생각해보겠소.

신유는 사이호달의 이런 태도를 조선군의 식량을 탈취하려는 음모로 파악하고 있었다. 즉 조선군의 식량이 도착되면 바로 조선군을 철수시키고 그때 남는 식량을 차지할 속셈이라는 것이었다. 그날의《북정록》을 보면 신유가 사이호달에 대해 '도둑의 심보(賊心)'를 가졌다고 적은 부분이 나온다.

조선군은 추위와 허기에 지쳐갔다. 그나마 청군이 빌려준 곡식은 물에 젖어 썩어버려 먹을 수도 없는 것이었다.

또 다른 시비도 있었다. 신유는 사이호달에게 노획한 러시아 소총한 자루를 요구했다. 그러나 사이호달은 "노획한 총기는 일일이 숫자를 매겨서 이미 북경에 보고했기 때문에 자기 마음대로 줄 수 없다"고 딱 잘라 거절했다.

> 적군에게 노획한 조총은 무려 300~400정이나 되는데 북경에 보고했다는 핑계로 인색하게 굴다니 매우 가증스럽다. ―《북정록》

왜 신유는 러시아 총을 입수하려고 했을까?

당시 조선군의 조총은 모두 화승총이었다. 불이 붙은 심지를 유도 화약에 닿게 하여 총알을 발사시키는 방식이었다. 반면 러시아 총은 이보다 발달된 이른바 수석식 소총으로, 심지 대신 부싯돌로 불꽃을 일으켜 총알을 발사하는 방식이었다. 불씨를 보관하는 데도 수석식 소총이 화승총보다 성능이 우수했다. 신유는 기어코 이 러시아 소총 한 자루를 가져왔다.

박재광 전쟁기념관 학예연구관은 신유가 러시아 총을 입수하려고 애쓴 사실에 대해 "군사지휘관으로서 군사 기술과 무기에 대한 탁월한 안목을 보여주는 일화"라고 평가했다. 당시 우리나라 조총보다 한 단계 업그레이드된 수석식 소총을 입수한다면 향후 군비강화에 큰 도움이 될 거라고 판단했다는 것이다.

200년 평화를 견인한 대장정

드디어 조선군은 철군을 시작했다. 그것도 만만찮은 일이었다. 철군하는 동안 《북정록》에 적은 내용을 살펴보자.

> 8월 20일: 군사들은 혹은 병이 나고, 혹은 발병이 나서 앞뒤에서 자빠지기 일쑤라.
> 8월 22일: 앞길이 점점 가까워오자 병으로 잘 못 걷던 군사들도 용기를 냈다.
> 8월 25일: 비를 맞으며 40여 리나 행군하니 군사들이 추워서 더 이상 갈 수

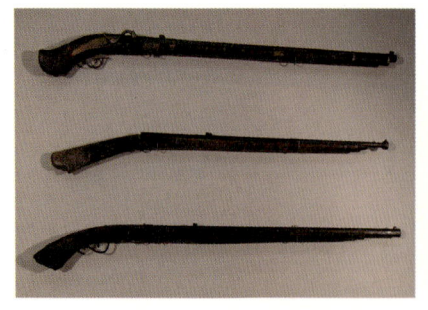 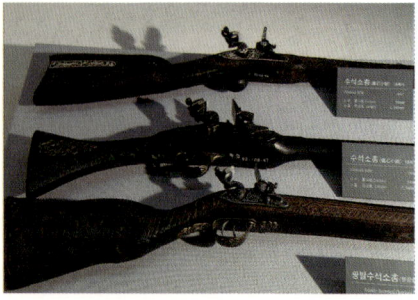

조선군의 조총은 불이 붙은 심지를 유도화약에 닿게 하여 총알을 발사시키는 화승총(왼쪽)이었다. 반면 러시아 총은 심지 대신 부싯돌로 불꽃을 일으켜 총알을 발사하는 수석식 소총이었다. 전쟁기념관 소장.

가 없었다.

출병기간 115일, 왕복 5000리에 이르는 신유의 대장정은 8월 27일 회령으로 돌아오면서 끝이 난다. 신유의 난중일기, 《북정록》도 여기서 끝난다. 약소국 장수로서 갖은 수모와 어려움 속에서도 신유는 단 여덟 명의 전사자만 남긴 채 나선 정벌을 승리로 이끌어냈다. 신유는 나중에 무관으로서는 최고위 관직인 삼도수군통제사까지 올랐다.

그 후 19세기 중반까지의 200여 년, 러시아가 다시 흑룡강으로 진출할 때까지 조선의 북방은 안정된다. 신유의 나선정벌 승리는 200년의 평화를 견인한 대장정이었던 것이다.

최초로 러시아군과 교전을 치렀던 신유. 그는 청나라를 치기 위해 길렀던 군사를 이끌고 결과적으로 청나라를 도울 수밖에 없는 장수였다. 그러나 그는 260명의 군사들 중에서 단 여덟 명의 희생자만 내고 당시 최강의 러시아 코자크족을 상대로 승리를 이끌어냈다.

그는 승리의 과정에서 느꼈던 약소국 장수로서의 비애와 한계를

신유의 10대손 신현우 씨가 보관하고 있는 신유의 교지. 신유가 흑룡강에 출병했을 때인 함경북도 병마우후 교지(오른쪽)와, 제56대 삼도수군통제사에 올랐을 때의 교지다.

꼼꼼히 기록으로 남겼다. 신유가 나선 정벌의 모든 이야기를 후손에게 남긴 진정한 뜻은 무엇일까?

한국사傳 1

초판 1쇄 발행 2008년 3월 10일
초판 8쇄 발행 2013년 5월 30일

지은이 김영민 KBS 한국사傳 제작팀
펴낸이 이기섭
편집인 김수영
기획편집 임윤희 김윤정 정회엽 이지은 이조운 김준섭
마케팅 조재성 성기준 정윤성 한성진 정영은
관리 김미란 장혜정

펴낸곳 한겨레출판(주) www.hanibook.co.kr
주소 서울시 마포구 공덕동 116-25 한겨레신문사 4층
전화 02-6383-1602~3
팩스 02-6383-1610
대표메일 book@hanibook.co.kr

ISBN 978-89-8431-257-9 03900

• 값은 뒤표지에 있습니다.
• 파본은 구입하신 서점에서 바꾸어 드립니다.